Henry Wanyoike

Mein langer Lauf
ins Licht

Der schnellste blinde Marathonmann der Welt
über sein unglaubliches Leben

Erzählt von Bengt Pflughaupt

FREIBURG · BASEL · WIEN

Gedruckt auf umweltfreundlichem,
chlorfrei gebleichtem Papier.

Originalausgabe

Alle Rechte vorbehalten – Printed in Germany
© Verlag Herder Freiburg im Breisgau 2004
www.herder.de
Satz: Dtp-Satzservice Peter Huber, Freiburg
Druck und Bindung: fgb · freiburger graphische betriebe 2004
www.fgb.de
Umschlaggestaltung und Konzeption:
R·M·E München / Roland Eschlbeck, Liana Tuchel
Umschlagfoto: © dpa
Fotografien: © by Pippa Breuss
ISBN 3-451-05543-0

Inhalt

Vorwort 7

1. Kapitel: Das Wunder von Sydney 11

2. Kapitel: Laufen und Leben 43

3. Kapitel: Sturz in die Dunkelheit 75

4. Kapitel: Der lange Lauf ins Licht 101

5. Kapitel: From zero to a hero 147

Einige Stimmen 177

Ausblick 187

Lebenslauf 191

Der Geist des Herrn ruht auf mir, weil er mich berufen hat. Er hat mich gesandt, den Armen die frohe Botschaft zu bringen und die Verzweifelten zu trösten.

JESAJA 61,1

Mein besonderer Dank, den ich auch im Namen von Henry aussprechen darf, gilt zwei außerordentlichen Frauen, ohne die das Leben ein wenig ärmer wäre. Meine Schwester Kerstin hat die unzähligen Aussagen sprachlich gefiltert und auf Sinnhaftigkeit im Zusammenhang geprüft. Pippa Breuss führte berührend authentische Interviews, insbesondere mit den afrikanischen Frauen.

Bengt Pflughaupt

Vorwort

Henrys Geschichte klingt wie ein Märchen, und darum müsste sie auch mit „Es war einmal" beginnen. Aber das würde Henrys Engagement möglicherweise nicht gerecht werden. Denn so unglaublich die Geschichte von Henry Wanyoike aus Kikuyu, Kenia, auch klingen mag, sie ist wahr. Mehr als ein Jahr an Recherchearbeit steckt hinter dem, was wir hier erzählen wollen.

Tanja Blixen schreibt in *Jenseits von Afrika*, dass sie einen ganz besonderen Freund in Afrika besitzt. Das ist ein Roman. Ich bin stolz, sagen zu dürfen, dass unser ganz besonderer Freund aus Afrika tatsächlich existiert. Erzähle ich von Henry Wanyoike, dann hören die Menschen gebannt zu. Sie wollen immer mehr von ihm wissen, und sie wollen dabei sein, wenn ein kleiner Mann mit einem großen Herzen die Welt jeden Tag ein klein wenig besser macht. Im Frühling 2003 haben wir uns das erste Mal in den Arm genommen. Da wusste ich schon sehr viel von ihm. Von seinen unglaublichen Siegen als schnellster blinder Marathonmann der Welt und von seinem Engagement, das ich noch über die Leistungen des Weltklassesportlers Wanyoike stellen möchte. Nächte hindurch haben wir miteinander geredet; Henry erzählte mir seine ganz persönliche Geschichte. Wie er erblindete, wie sich Körper und Geist weigerten, Nahrung aufzunehmen, wie er wochenlang in ein geistiges Nichts abgetaucht war. Über die Zeit zuvor, die Slums – und über die Zeit nach seiner Erblindung. Jeden Tag durfte ich ein wenig mehr über Henry erfahren – und weil es zu meinen Aufgaben bei „Licht für die Welt" und der Christoffel-Blindenmission gehört, die Wahrheiten über Blindheit und deren Bekämpfung von Wien aus in die Welt zu tragen, erzählte ich Henrys Geschichten meinen Kollegen. Geschichten, die beginnen wie diese:

Afrika – die glutrote Sonne erscheint am Himmelswerk. Von weit her dringt das Gebrüll von Löwen. Ein alter Mann, der wie jeden Morgen am Stadtrand von Kikuyu Holz holt, sieht den „Wanyoike-Express" in einer Staubwolke über die Piste herannahen. Links, rechts, links, rechts, die schnelle Schrittfolge – Henry und sein Begleitläufer, der ihn wie jeden Morgen an einem Band durch die kenianische Wildnis begleitet, sind unterwegs. Der Goldmedaillengewinner bei den Paralympics von Sydney im Jahr 2000, der Sieger über 5000 Meter in Boston, 2002, der Marathongewinner des Weltmeisterschaftslaufs von 2002 in Japan, der Goldmedaillengewinner über 5000 und 10 000 Meter von Kanada, 2003, trainiert für Athen. Dort, wo der Ursprung des olympischen Gedankens liegt, will Henry wieder für Furore sorgen. Er läuft in knalligem Gelb durch die Teeplantagen. „Licht für die Welt" steht auf seinem Shirt – und Henry strahlt mit der Sonne um die Wette. Die lässt schon am frühen Morgen erahnen, welche Hitze sie mittags verbreiten wird. Links, rechts, die dreißig Kilometer Training machen Henry Wanyoike nichts aus.

Ganz in der Nähe der Farm seiner Mutter, an deren Tor zwei Hunde auf ihn warten, die es schon längst aufgegeben haben, mit ihm um die Wette zu laufen, stoppt der Wanyoike-Express vor einem kleinen Laden. Ein paar Lebensmittel, eine kleine Kanne, und schon geht's weiter; wobei Henry tunlichst darauf achtet, nichts aus dem Messinggefäß zu verschütten. „Ja, das ist Schmieröl", antwortet der Läufer und lächelt verschmitzt. Nein, nicht für seine Knochen ...

Spätestens jetzt hört jeder zu. Henry fasziniert jeden, ob Arnold Schwarzenegger oder Kofi Annan, ob den Fiakerfahrer in Wien oder den Wurstverkäufer in Wuppertal. Ganz langsam entsteht die Idee zu einem Buch über einen der außergewöhnlichsten Menschen dieser Erde. Und wer wollte schließlich nicht wissen, was Henry mit dem Öl macht, das er während des Trainings kauft.

Henry Wanyoike auf einer Parkbank im Kikuyu Eye Hospital, dahinter Pippa Breuss und Bengt Pflughaupt

Henry wohnt ein paar Wochen bei mir, und die Buchpläne werden konkret. Auch, weil Menschen aus aller Welt anrufen, die Henry, ihren ganz persönlichen Helden, sprechen wollen. Zum Glück hört eine Afrika-Kennerin und Menschenfreundin von den Plänen. Pippa Breuss erklärt sich spontan bereit: „Wenn du ihn besuchst, komme ich mit." Ich bin ihr sehr dankbar. Denn die unbeständigen afrikanischen Wirklichkeiten in das Buch einzubeziehen, ist eine für mich kaum lösbare Aufgabe. Also fliegen wir gemeinsam für einige Wochen nach

Kenia. Wir haben mit Henry im Trainingslager in der Wildnis gesessen. Sein Sohn Baby Hugh war auch dabei. Und immer wieder haben wir die Nächte hindurch geredet, haben Henrys Leben auf Video eingefangen, unzählige Zeitungsausschnitte gesammelt, Tonbänder, und was Rechercheure noch so brauchen, um einem unbegreiflichen Phänomen Wanyoike auf die Spur zu kommen.

Wir waren ein Teil Afrikas und können den Lesern nun ein atemberaubendes Leben näher bringen. Die Menschen in Afrika waren stolz darauf, dass Weiße – Mzungus – kamen, um zu sehen, wie sie leben. Wir haben einen Freund in Afrika, einen so ganz anderen Freund als ihn andere haben. Und wir bitten unsere Leser: Blättern Sie in diesem Buch weiter – dann lernen Sie Henry kennen und sicher so lieben, wie auch wir ihn lieben gelernt haben. Oder besuchen Sie Henry auf seiner Website: www.henry4gold.com. Und bald werden auch Sie einen ganz besonderen Freund in Afrika haben.

1. Das Wunder von Sydney

Fast jeden Tag zollen die Zuschauer der Paralympics in Sydney den Athleten ihre Hochachtung. Heute sind 76 000 Menschen im Rund der Arena erschienen und schwenken erwartungsvoll ihre Fahnen. Schulklassen haben frei, und fast alle kennen Bob Matthews, der etliche Weltrekorde hält. Heute geht es um Gold über 5000 Meter. Einige Fans aus Kenia stehen verloren an der Bande, als Henry Wanyoike einläuft. Ihre aufmunternden Rufe verhallen. Henry hört sie nicht, er ist viel zu sehr mit sich selbst beschäftigt, nimmt nicht wahr, was um ihn herum passiert. „Wink doch mal unseren Leuten zu!", fordert John, sein Führungsläufer, ihn auf. Aber Henry reagiert nicht. So winkt John selbst zaghaft ins mächtige Rund der Betonschüssel. Er freut sich, dabei sein zu dürfen. Wann sonst kommt ein Läufer aus Kenia einmal aus seinem Land heraus? Er muss schon absolute Weltspitze sein!

Diese Reise ist für John ein Glücksfall und nur möglich, weil er sich dem blinden Langstreckenläufer Henry Wanyoike als Führungsläufer zur Verfügung gestellt hat. John soll Henry sicher über die Bahn im Olympiastadion führen, soll sein Auge im Rennen sein, ihn vor Unfällen schützen und ihn in offene Lücken stoßen, damit Henry dem Feld davonlaufen kann. Darum darf John nach Australien reisen. Allerdings in einem dieser Flugzeuge, einer jener Höllenmaschinen, die, wie man es den beiden jungfräulichen Flugpassagieren Henry und John vor dem Start erzählt hatte, während des Fluges höchst geheimnisvolle, ja gefährliche Dinge mit ihren Insassen anstellen. – War das nur ein Scherz?

*Der Sieg eines Davids über viele Goliaths –
5000-Meter-Lauf in Sydney*

Die Höllenmaschine

Henry erinnert sich: „Wir waren ganz aufgeregt, als wir in die Maschine stiegen. Unsere Freunde machten immer wieder Andeutungen über alptraumhafte Geschehnisse im Bauch des großen Flugzeugs. Was genau das sein sollte, wollten sie uns nicht verraten. Jedem, flüsterten sie geheimnisvoll, könne etwas anderes passieren. Und als wir endlich in der Maschine saßen, waren John und ich uns einig, dass wir nie wieder als die Menschen aussteigen würden, als die wir eingestiegen sind."

„Wir werden hier nicht mehr lebend herauskommen", meint Henry noch auf der Startbahn und schickt beim Abheben die ersten Stoßgebete ab. „Ich habe mich gewundert", erzählt er, „dass die Maschine nicht explodiert ist. Vor uns lachten die Kameraden, und ich fragte die Stewardess, die es doch wissen musste, was eigentlich Schlimmes passieren werde. Die glaubte, ich wolle sie auf den Arm nehmen! Ich bekam Magenschmerzen und dachte nur noch an das Ende. Also bewegte ich mich aufgeregt einige Reihen nach vorn und stellte einen meiner Freunde zur Rede: ‚Jetzt sag endlich, was passieren wird!' Mehrmals drang ich auf ihn ein, wobei ich immer lauter wurde. Er antwortete nur: ‚Das kann ich dir nicht sagen. Es ist mir von höchster Stelle verboten worden – aber du wirst es schon noch sehen; Entschuldigung, du wirst es spüren.' Dann kam die Stewardess und bat mich, wieder Platz zu nehmen und endlich mit meinem Gebrüll aufzuhören. Aber meine Mutter sollte keinen Zombie als Sohn zurückbekommen, und meine Schwester sollte ihren echten Bruder behalten. Also begann ich zu beten.

Die Stewardess wollte mich mit einem Glas Champagner ruhigstellen. Ich hatte noch nie welchen getrunken. Mein Magen meinte nur ‚Danke' – und mein Geist sagte, dass es vor dem Sterben wichtigere Dinge gebe. Meinem Freund John ging es auch nicht besser, aber er nahm den Champagner – aus lauter Neugier und weil er wusste, dass er so etwas vielleicht nie wieder würde trinken können – schließlich würden wir ja in den nächsten Minuten das Zeitliche segnen.

Aber seltsam: Unsere Anspannung wuchs, je weiter wir uns von Kenia entfernten, – doch nichts passierte. Meine Übelkeit nahm zu, und wir wunderten uns, dass unsere Freunde immer mehr lachten und feixten. Als die hübsche Frau mit dem Rollwagen auf einmal kleine metallene Kästen vor uns hinstellte und uns einen guten Appetit wünschte, rührten wir das Zeug in den Kästen nicht an, sondern waren froh, als die Kameraden fragten, ob sie uns die Sachen abnehmen dürfen. Wir drückten uns in die bequemen Polster unserer Sitze und wagten nicht, uns zu rühren. Nicht einmal auf die Toilette habe ich mich getraut.

Und noch immer passierte nichts. Ab und zu fragte die nette Frau mit dem Rollwagen, ob wir etwas trinken wollten, doch wieder lehnten wir ab. Sie erkundigte sich besorgt, ob wir krank seien. Wir schüttelten nur den Kopf und drehten uns demonstrativ weg. Ich hörte, wie sie ‚Päh' sagte und weiterging. John erzählte mir, dass sie dabei die Augenbrauen gehoben habe. Wir Blinden lassen uns immer gern berichten, mit welcher Mimik und Gestik unsere Gesprächspartner ihre Worte begleiten. So können wir besser einschätzen, ob jemand ehrlich zu uns ist oder nicht. Mein Begleiter oder meine Begleiterin beobachtet die Leute, mit denen wir zusammenkommen, ganz genau, wenn ich etwas sage oder frage.

Merkwürdigerweise reagieren Fremde automatisch nur auf mich, den Blinden. Einige sind freundlich und gehen auf mich ein. Andere versuchen, uns etwas vorzumachen. Im Tonfall nett und höflich, verdrehen sie die Augen oder gestikulieren verächtlich. Denn sie glauben, dass ich ihr Gebaren nicht sehen kann. Was sie aber nicht wissen: Mein Begleiter ist mein Auge. Er berichtet mir, wie mein Gesprächspartner gestikuliert, ob er auf mich eingeht oder spöttische Gesten macht.

Damit rechnen die Fremden nie. Besonders außerhalb von Kenia funktioniert dieses Informationssystem ausgezeichnet, denn natürlich sprechen die Leute kein Suaheli oder Kikuyu. Es dauert nur wenige Minuten, bis ich einen Menschen taxiert habe.

Meinem Sportskameraden aus dem Flugzeug jedenfalls traute ich nicht mehr. Noch zweimal ging ich zu ihm, und indem ich mich vor allen Passagieren lächerlich machte, forderte ich ihn auf: „Jetzt sag endlich: Wann passiert etwas – und was? Ich halte diese Ungewissheit nicht mehr aus!' Er antwortete nur: ‚Du wirst es bald erleben!' Wieder presste ich mich in den Sitz und kaute vor Aufregung an meinen Fingernägeln herum. John und ich wurden immer hungriger, aber wir hatten Angst, etwas zu essen. Und da ich als Sportler viel Flüssigkeit zu mir nehmen muss, befürchtete ich auch, zu dehydrieren.

Nichts passierte. Keine Explosion, keine fremden Passagiere an Bord, kein Kontakt mit Außerirdischen. Als wir – endlich – in Sydney gelandet waren, fand ich meine Courage wieder. Ich griff den gemeinen Kumpel am Schlafittchen und schüttelte ihn. Der bekam Angst, und ein Offizieller musste uns trennen. Ich schrie ihn an: ‚Du kaufst uns was zu essen und zu trinken, sonst knallt's!'"

Ein Mannschaftsbetreuer kannte die Willensstärke von Henry nur zu gut und beeilte sich, ein opulentes Mahl zusammenzustellen. Henry bestand darauf: „Das Großmaul zahlt." Und der zückte widerwillig das Portemonnaie. Henrys erster Sieg auf australischem Boden.

Henry Wanyoike, Kenia, Bahn drei

In der Arena des Olympiastadions fühlt Henry sich Minuten vor dem Start wie ein Häufchen Elend „Was ist mit Wanyoike?", fragen Sportler aus dem Team von Kenia. „Der hat Angst", sagt der Trainer. „Und er ist so furchtbar schwach und schlapp", bemerkte der Mannschaftsarzt und schüttelt verständnislos den Kopf. Als wolle er sagen: „Was da nur wieder passiert ist?"

Etwas ganz Natürliches: Henry Wanyoike will nicht mehr essen, weil ihm Tage vor seinem ersten Rennen außerhalb Kenias, in dem es gleich um olympisches Gold geht, ganz einfach übel ist. Und diesmal sind es nicht das Flugzeug und all die merkwürdigen Dinge, die in dessen Bauch passieren können. Es ist die pure Angst vor dem Versagen, die ihn drückt. Vor dem Vaterland, den Freunden, der Familie, dem Präsidenten, den Kameraden im Sportklub und all den Menschen, denen Henry helfen will.

„Noch in Kenia sagte man mir, man verlange, dass ich gewinne. Es sei die Chance meines Lebens. Ich dürfe nicht versagen. Ich solle kämpfen wie noch nie in meinem Leben und meine Freunde und alle, bis hin zum Präsidenten, nicht enttäuschen. Wenn ich nicht gewänne, sei es für immer vorbei, keine Reisen mehr zu Sportveranstaltungen, alle würden lachen über den blinden Henry Wanyoike. Ich stand unter einem fürchterlichen Druck, und vor dem Abflug erinnerte mich ein Trainer noch einmal an all die mahnenden Worte. Von da an konnte ich nicht mehr essen und wurde immer schwächer."

Vor allem beim Arzt des kenianischen Verbandes wächst die Sorge um Henry. Gemeinsam mit einem australischen Kollegen testet er ihn auf Herz und Nieren, kann aber keine körperlichen Schäden feststellen. Die Blutwerte sind in Ordnung, keine Grippe, kein Durchfall, nichts.

Als letzte Rettung sucht der Arzt das therapeutische Gespräch. Er findet einen Weg direkt hinein in Henrys Herz – und nun kollabiert der Arzt beinahe vor Zorn: „Wenn das hier die Methoden sind, mit denen unsere Sportler motiviert werden sollen, dann will ich mit diesem Verband nichts mehr zu tun haben." – Präsidiumsvertreter reagieren und besuchen Henry am Abend vor dem 5000-Meter-Lauf. Sie finden den richtigen Ton. „Sieh mal, Henry", sagen sie, „es gibt wohl kaum einen Sportler, der befreiter auflaufen kann als du. Du bist zu Großem bereit, sonst wärst du nicht hier. Aber du bist bisher noch völlig unbekannt, hast an keinem großen Rennen teilgenommen, und es wäre bereits eine Sensation, wenn du nicht Letzter wirst. Du hast doch schon so viel erreicht! Sei stolz darauf, dein Land bei Olympia zu vertreten! Wer darf schon der ganzen Welt zeigen, zu welchen Ausnahmeleistungen blinde Menschen fähig sind?" Plötzlich bekommt Henry Appetit. „Jetzt mussten sie mich bremsen, dass ich mir keine Hähnchenflügel mit Pommes Frites und Mayonnaise bestellte."

Im Stadion lässt sich Bob Matthews feiern. Henry hört die Anfeuerungsrufe, ehe er wieder ganz abschaltet. „Ich konnte in der Nacht vor dem Rennen nicht schlafen und durfte am Abend zuvor nur Milch trinken und etwas Reis essen, um meinen Magen nicht zu überlasten. Ich war zwar glücklich, dass eine Last von mir genommen war, im Bett jedoch hatte ich wieder den schlimmsten aller Alpträume: Ich wurde Letzter, und das ganze Stadion lachte über mich. Daran musste ich schon auf dem Hinflug denken, weswegen ich es gar nicht so schlimm gefunden hätte, wenn in der Luft irgendetwas mit uns passiert wäre."

Noch etwas anderes hält Henry nicht aus: „Alle anderen am Start hatten eine Geschichte vorzuweisen, eine Erfolgsstory. Die Zeitungen zitierten meine Kontrahenten, doch mit mir wollte niemand sprechen. Keiner hatte mich besucht oder angerufen. Es gab keine Pressekonferenz, auf der sich Journalisten für mich interessiert hätten: ‚Henry Wanyoike, wo kommen Sie her, was machen Sie – und wie?' Es war so, als wäre ich gar nicht vorhanden. Die anderen Läufer konnten erzählen, wie gut sie drauf sind und welche Erfolge sie wo gehabt hatten. Ich dagegen durfte nur sagen, dass ich Henry Wanyoike bin. Henry Wanyoike aus Kenia." Und das, was er eigentlich sagen will – „ein Name, den Sie sich merken müssen" –, das bringt er nicht heraus. Dabei wäre er doch so gern wie sein

Vorbild Cassius Clay alias Muhammad Ali: „Der sagte allen, was Sache ist. Und immer ließ er seinen großen Sprüchen große Taten folgen. Jetzt, da er sehr krank ist, ist er noch viel größer als zu den Zeiten, als er im Ring stand."

Der Stadionsprecher berichtet gerade über das Starterfeld und die zu erwartenden Zeiten. Er verliert sich in einer schier endlosen Hymne auf Bob Matthews: „Sieger von ..., Weltrekordhalter von ..., Favorit über ..., Marathonsieger von ..." Das dauert etwa drei Minuten, und die Massen huldigen dem großen Star der Olympischen Spiele. Und so geht es auch beim Nächsten weiter: Jubel ohne Ende. Doch von weither sind plötzlich schwache Rufe wie „Kenia, Kenia" zu hören. Aufmunternd drückt John Henrys Hand. Der aber wirkt wie gelähmt. „Manche glaubten, ich würde gleich tot umfallen", sagt Henry heute, „und das wäre ich auch am liebsten. Und hatte der Stadionsprecher bei den anderen Läufern noch mit seiner Stimme eine wahre Achterbahnfahrt veranstaltet und die Leute zu frenetischem Jubel und zum pausenlosen Klatschen animiert, ging es bei mir ganz schnell." – „Henry Wanyoike, Kenia, Bahn drei!" Mehr nicht.

„Es war, als hätte meine Mutter nicht meine Schwester und mich ganz allein aus dem Slum herausgearbeitet, weil mein Vater so früh gestorben war. Als hätte ich mir nicht als Maulwurfjäger die Nächte um die Ohren geschlagen, um ein paar Schilling dazuzuverdienen. Es war, als hätte ich die schlimmste aller Nächte nicht erlebt, in der es schien, der liebe Gott hätte mich verlassen, als ich abends nach dem Besuch einer hübschen Schülerin meiner Mutter vergnügt ins Bett ging, um ein paar Stunden später als blinder junger Mann wieder zu erwachen. Es war, als hätte ich mich nicht über Monate, ja, Jahre, geweigert zu gehen, geschweige denn meinem Körper erlaubt, irgendwelche Befehle entgegenzunehmen. Es war, als hätte es den tiefen Schmerz meiner Mutter über mein Leiden nicht gegeben. Und als hätte ich es nicht geschafft, hierher, in dieses riesige Stadion zu kommen, um auf Bahn drei als Vertreter meines Landes zu starten. Hier bin ich nun – und dann heißt es nur: ‚Henry Wanyoike, Kenia, Bahn drei.'" Wie in Trance und voller Verzweiflung beginnt er ein Gebet: „Gott, mein Vater, ich bin's, der hier steht, dein Henry, dem du das Augenlicht genommen hast. Nicht etwa meiner Schwester, sondern mir, der ich die Familie eigentlich ernähren soll und dies ohne Augenlicht kaum kann. Der auf gute Freunde angewiesen ist, die helfen, wo und wann immer es geht. Lieber Gott, lass mich bei den nächsten wichtigen Wettkämpfen nicht mehr mit leeren Händen dastehen. Hilf mir, dass ich der Welt zeige, was ich, Henry Wanyoike, kann! Gib mir Mut, Kraft und Ausdauer, und vor allem: Gib mir Selbstvertrauen!"

In dieser Sekunde knallt der Startschuss. Von Henry keine Reaktion. Er betet weiter – doch ein unwirscher Ruck seines Führungsläufers am vierzig Zentimeter langen Band reißt ihn aus seinem Flehen. Kein Fehlstart, meint der Startrichter, der Führungsläufer ist ja losgetrabt. Und die ersten Sekunden eines Langstreckenrennens sind ohnehin eher langsam, bis die Läufer richtig Tritt gefasst haben. Henry läuft zwar los, aber dickköpfig, wie er nun einmal ist, denkt er nicht im Traum daran, das Gebet vorzeitig zu beenden. Er will eine Antwort: „Ich habe gewusst, dass der Herr bei mir ist. Aber auch John wollte zeigen, dass er da ist. Ruckartig zog er am Band, das er als eine Art Gangschaltung benutzt – oder als Tempomacher, falls wir mal zu sehr aus der Puste sein sollten, um miteinander reden zu können."

Das Rucken bedeutet in diesem Fall: ein bisschen mehr Gas. „Eigentlich eine Frechheit, denn der Läufer, nicht der Guide, bestimmt das Tempo. Also lief ich erst einmal langsam im Schritttempo. Wir waren an letzter Stelle, und weil John wusste, dass ich Paranoia kriege, wenn ich nur daran denke, Letzter zu werden, machte er mächtig Tempo. Ich zerrte zwar auch, um ihm zu bedeuten, dass ich für die Geschwindigkeit verantwortlich war, andererseits war das Rennen tatsächlich etwas langsam. Da konnte man ja gleich spazieren gehen – und das gehört nicht zu meinen Hobbys. Ich laufe lieber ..."

Henry erhöht die Frequenz seiner Schritte. Links, rechts, links, rechts, im steten Rhythmus berühren die Sohlen seiner Schuhe die Bahn. Henry und John spulen im Gleichschritt Meter um Meter herunter. Sie überholen das erste, das zweite, das dritte Läuferduo; auf den Trainerbänken winken die ersten Experten ab. „Dieser kleine Schwarze, der ist doch verrückt, was er schon auf der ersten Runde für ein Tempo geht. Das hält kein Mensch durch, und der schon gar nicht." Auf Henry gibt niemand einen Pfifferling. Bei Buchmachern hätte es für einen Euro auf Sieg 170 zurückgegeben. Aber niemand hat auf ihn gesetzt.

Bob Matthews ist der große Favorit. Henry dagegen nimmt keiner ernst. Schon, weil er so elend aussieht, als würde er sich beim Startschuss in die Hose machen. Ängstlich, eingeschüchtert, ausgemergelt, apathisch – wie die Maus vor der Katze, ein wenig gelähmt. Ein Arzt, der auf dem Weg ans andere Ende des Stadions ist, hat Henry einige Minuten vor dem Start gefragt: „Alles in Ordnung? Sie sehen nicht so aus, als stehen Sie das durch." Der Meinung ist auch die allgemeine Expertenrunde von der Trainerbank, als Henry Tempo macht. Und wie dieser Junge aus Kikuyu Tempo macht ...

Links, rechts, links, rechts ... Akkurat hämmern die Läufer ihre Schrittfolgen auf die Bahn. Immer schneller im Pas de Deux. Und nach gut vier Runden kratzen sich die Mitglieder der Expertenkommission erstmals am Kopf. Henrys Tempo steigert sich alle 100 Meter, von Leistungseinbruch keine Spur. Nein, der „Mann ohne Geschichte" überrundet langsam die letzten Läufer zum ersten Mal. Da steht das Stadion Kopf. Und Henrys Herz klopft vor Freude – nicht vor Anstrengung. „Ich habe frohlockt und leise gesungen", sagt er. *Amazing Grace*, das er immer in der Kirche singt, sei ihm eingefallen.

John dagegen singt nicht, obwohl er das doch sonst viel besser kann als Henry. „Und er redete auch nichts; das hätte mich stutzig machen sollen. Aber ich war so schnell und wir waren so weit vorn, es schien alles so einfach, und da dankte ich Gott, dass er seinen Henry, den schnellen Kikuyu-Krieger, nie allein lässt."

Mungu niseindie

Einige der 76 000 Menschen im Stadion beginnen zu ahnen, dass heute Sportgeschichte geschrieben wird. Die ersten Journalisten bemühen die Archivare und elektronischen Datenspeicher: „Wer ist denn dieser Wanyoike?" Die Anrufe der Reporter in den Redaktionen häufen sich, weil dieser Mann, von dem kaum einer weiß, woher aus Kenia er eigentlich stammt, sich nach gut 3000 Metern anschickt, die Weltelite zum zweiten Mal zu überrunden.

„Auf einmal kannten alle meinen Nachnamen, zwei haben mich sogar beschimpft, als ich an ihnen vorbeizog." Henry strahlt mit der Sonne um die Wette. „Henry, Henry", klingt es durchs Stadion, die aufgeheizten Mauern des Ovals reflektieren das Echo der Rufe, transportieren es in jeden Winkel der Arena. Das Glück scheint Henry Flügel zu verleihen. Himmlische Flügel: „Ich dachte an meine Heimat, an meine Mutter, wie sie jetzt stolz vor dem Radio sitzt und auf Nachrichten aus Sydney wartet. Ich dachte an meine Freunde aus dem Sportverein, an meinen Freund und Nachbarn Kim und all die anderen, die in den letzten Monaten ihren Tagesablauf nach meinem ausgerichtet hatten. Und ich spürte: Es geht immer weiter, wenn du es nur willst! Ich war sicher, dass die Menschen, an denen ich vorbeilief, fühlten, was ich ihnen zeigen wollte: Gebt nie auf! Guckt euch Henry Wanyoike an, den blinden Jungen, der als Kind seine Schlafstätte in der Küche hatte und sie mit Ziegen teilen musste, die ihn anpinkelten. Der in den Slums aufgewachsen ist, ohne Vater. Ich hab's geschafft! Ich habe mich nicht aufgegeben. Ich bin wiedergekommen und will so schnell nicht mehr von dieser Erde gehen!"

Aber ein anderer gibt gerade auf. – „Wir liefen wie auf Schienen, was hätte uns stoppen sollen?", fragt Henry. Doch plötzlich brüllt der Guide John Kiyuri: „Ich kann nicht mehr!" Und Henry meint noch zu vernehmen: „Ich glaube, ich sterbe!" Der Wanyoike-Express kommt nach 3500 Metern ins Stocken. John scheint am Ende, er schnauft wie eine alte Dampflok und bleibt ganz einfach stehen: „Ich kann nicht mehr. Es tut mir so Leid." – „Wie, es tut dir Leid? Was heißt das?" Johns Antwort kommt gepresst: „Wenn ich weiterlaufe, sterbe ich!" Die übrigen Läufer kommen näher. Meter um Meter.

Henry kaut erregt an den Nägeln und brüllt. Wenn er aufgeregt ist, überschlägt sich seine Stimme und pendelt sich in einen Sirenenton ein, so wie italienische Krankenwagen klingen, wenn sie ihre Fahrten durch die engen Gassen rund um den Marktplatz von Siena machen. „Aber du hast mir doch erzählt, du bist so gut wie unsere Weltspitzenläufer, und dass du bei Olympia hättest Gold holen können, wenn sie dich nur hingelassen hätten!"

In diesem Moment hält es im Stadion nur wenige mehr auf den Sitzen. Das Stadion wogt, und die Polizei bekommt ihre Einsatzbefehle für den Fall, dass die Welle überschwappt. Ein BBC-Reporter brüllt ins Mikro: „Im Rennen um Gold stehen zwei Sportler auf der Bahn – und sie diskutieren! Ja, gibt's das denn?" Jetzt haben die anderen Läufer, allen voran Bob Matthews, schon eine halbe Runde gut gemacht. Henry weiß nicht, wie es im Rennen steht, er hat das Gefühl für Raum und Zeit völlig verloren. Die beiden Kenianer debattieren noch immer, und das Feld verschärft das Tempo.

„Aber warum kannst du nicht mehr, wenn du doch sonst so viel schneller bist? Du hast mich und den Verband belogen. Und du vernichtest heute einen Freund. Kannst du dir das jemals verzeihen?" Jetzt laufen von der anderen Seite der Bahn die Betreuer aus Kenia heran. Die Experten auf der Trainerbank klopfen sich auf die Schultern, als wollten sie sagen: „Das wussten wir doch gleich!" John gesteht: „Nein, ich habe dich nicht belogen. Ich wollte unbedingt einmal zu den Olympics fliegen. Ich glaubte ja auch, dass ich das locker durchstehe. Und ehrlich gesagt hätte ich nie gedacht, dass du so gut und so unglaublich schnell bist."

Henry faltet die Hände und betet: „Mungu niseindie." Nur diese beiden Wörter. Übersetzt bedeuten sie: „Gott, hilf mir!" Damit sagen die Kenianer sehr viel, denn wie Henry gehen fast alle Kenianer mit Gott schlafen und wachen mit ihm wieder auf. In Henrys Hometown gibt es in einigen Gegenden mehr Kirchen als Häuser. Gott ist Nachbar, Jesus ein guter Freund. Sonntags sind mindestens drei Stunden Kirche angesagt. „Ich dachte vor dem Lauf bei den großen Namen meiner Gegner oft an die Geschichte von David und Goliath. Und ich wusste, dass ich meinen Verstand, meine Taktik, meine Beine und mein wiedergewonnenes Gottvertrauen als Waffe mit ins Stadion nehmen konnte, um all die Goliaths zu besiegen."

„Mungu niseindie!" – „Lieber Gott, lass John weiterlaufen. Er weiß doch, worum es für uns alle geht!" Unterdessen beichtet John: „Henry, ich habe Malaria. Ich wollte das nicht sagen, sonst hätte ich nicht mit nach Sydney gedurft, und ich hatte gedacht, dass ich auch mit Malaria schnell genug für dich bin." Henry beruhigt John: „Wir müssen jetzt sehen, dass wir das Beste aus der Situation machen." Später meint er: „Mir ist auf einmal in den Sinn gekommen, dass es wenig bringt, wenn ich durchdrehe und meinen Freund dafür beschimpfe, dass er krank ist, auch wenn er mir das verschwiegen hat." – „Ich denke, wir laufen jetzt langsam weiter, dann fasst du wieder ein wenig Tritt und läufst dich ein."

John nickt, und die Zuschauer, die sekundenlang wie gelähmt innegehalten haben, reißen die Arme hoch. Als der Wanyoike-Express wieder langsam in Fahrt kommt, erklingen die ersten Rufe: „Come on!" Aus allen Ecken des Ovals laufen Menschen im Keniadress zusammen. Die Zuschauer an der Strecke erahnen das Drama, ohne zu wissen, was genau sich in diesen Sekunden abspielt. Sie erleben das unglaubliche

Schauspiel eines Rollentausches während einer olympischen Entscheidung.

Der blinde Henry Wanyoike führt jetzt seinen zuvor kollabierten Führungsläufer über die Piste. Der Nachfahre eines tapferen Kikuyu-Kriegers – denn nichts anderes heißt Wanyoike in seiner Sprache – zieht den Mann, der ihn sicher ins Ziel führen sollte, über die Bahn. So wie der Großvater früher verletzte Freunde durch den Busch gezogen hatte. Kommandos werden in Kikuyu gerufen. „Lurae, lurae – rechts, mehr rechts!" Alle anderen Sportler, die auf ihre Wettkämpfe warten, sind längst auf einer Höhe mit Henry und John. Sie versuchen zu helfen: „Left, right, straight ahead, come on, buddy!" Und John trudelt und pendelt. Henry muss die Spur halten, die er nicht sieht, und hat damit zu tun, John am Band „einzufangen" und wieder auf Kurs zu bringen. Und immer mehr Zuschauer im Stadion begreifen: Ein Blinder versucht einen Sehenden, der nicht weiterlaufen kann, durch eine Kurve zu bringen, ohne dass die beiden die Bahn verlassen. Denn das hätte die sofortige Disqualifikation zur Folge.

Dann ereignet sich etwas, das einzigartig ist. Vielleicht ist ein Schutzengel erschienen, um Henry zu stärken, vielleicht hat er ihn an die Hand genommen, damit er sich in die richtige Richtung bewegt und John mitzieht. Im Stadion ertönen von den oberen Rängen her Rufe: „Henry, Henry!" Immer mehr Menschen stimmen ein. Henry selbst hat abgeschaltet. Er spricht mit Gott: „Zeig mir die richtige Richtung." John pendelt und macht einen furchtbar angeschlagenen Eindruck, er driftet nach links weg, aber die Trainer und Aktiven auf dem Rasen des Stadions brüllen Henry halbwegs wieder auf die richtige Bahn.

„Ich fühlte mich ganz stark. Ein ungeheurer Energiestoß fuhr durch meinen Körper. Ich spürte keinerlei Erschöpfung. Jetzt begann ich meine Umwelt wahrzunehmen. Anfangs hörte ich nur Kommandos um mich herum. Meine Freunde aus

Kenia riefen in Suaheli oder Kikuyu: mal kushoto – also rechts – oder mbere – geradeaus. Das wäre ja noch gegangen, aber Tausende andere Menschen im Stadion wollten mir ebenfalls helfen. So brüllten alle durcheinander: ‚Left, right, straight ahead!', oder: ‚Straight on!' Zum Glück habe ich ein gutes Körpergefühl, und sehr schnell wusste ich, was zu tun war und wo auf der Bahn wir uns befanden. Aber merkwürdig: In all dem Lärm gab es Stimmen, die ich von den anderen unterscheiden konnte. Ich kannte sie nicht, aber sie hatten einen besonderen Klang: freundlich und vertrauenerweckend. Ich hörte auf sie und fühlte mich immer sicherer."

Es spricht für seine Kampfkraft, dass er noch immer an den Sieg glaubt. Ein Gespräch mit John ist nicht mehr möglich: Zum einen übertönt die Lautstärke im Stadion jedes Wort. Zum anderen ist John allein aufgrund seines Zustandes gar nicht mehr in der Lage, zu sprechen.

Die Nöte eines Archivars und eines Läufers

Arthur Green, ein Mann, der seit Jahrzehnten im Archiv zweier großer Zeitungen in Sydney arbeitet, berichtet später den Redakteuren, dass er während seines gesamten Berufslebens noch nie vor einer derart komplizierten Aufgabe gestanden habe: „Ich schob bereits Dienst, als John F. Kennedy erschossen wurde. Die Arbeit im Archiv ist meine Art, dabei zu sein, wenn Zeitgeschichte geschrieben wird. Wenn die Redakteure, Sendeleiter, Ressortchefs oder Reporter bei mir anrufen, gebe ich ihnen die benötigten Informationen. Aber an jenem Tag riefen mich im Minutentakt Kollegen an und wollten etwas über einen gewissen Henry Wanyoike aus Kenia in Erfahrung bringen. Einen blinden Sportler, der gerade Unglaubliches im Olympiastadion vollbrachte. Sie sprachen von etwas nie Dagewesenem, einem Wunder.

‚Was läuft denn gerade?', fragte ich die Jungs vom Sport. Aber die brüllten nur, dass der Kenianer seinen Mann ins Ziel ziehe. Darauf konnte ich mir keinen Reim machen. Also begann ich nach Informationen zu suchen, fand aber nichts. Da schreibt ein Mann Olympiageschichte, und ich kann nichts über ihn finden! Das war mir zuvor noch nie passiert und ärgerte mich sehr. Aber daran ließ sich nichts ändern. Ich konnte nicht einmal den Vermerk finden, den der Stadionsprecher vorliegen hatte. Es war zum Verzweifeln!"

Henry und John werden immer langsamer, aber es läuft: „Ich hatte inzwischen ein Gefühl für die Bahn bekommen, wusste wo wir waren, und schließlich gaben ja alle Kommandos. Es waren nicht mehr so viele Stimmen. Doch es gab noch immer diese lieblichen Stimmen, nach denen ich mich richtete. John lief wie in Trance, immer wieder brach er aus. Aber ich zerrte wie ein unnachgiebiger Kutscher an unserem Band, und er gehorchte. Mein Selbstvertrauen wuchs, obwohl ich plötzlich bedauerte, dass wir keinen neuen Weltrekord laufen würden. Schon komisch, dass mir das gerade durch den Kopf schoss. Es müssen wohl die Begeisterungsrufe gewesen sein. Ich fühlte mich von der Welle der Henry-Rufe getragen und war glücklich, weil sich mein Freund wieder gefangen hatte. Wir zogen langsam unsere Bahn. Aber ich hatte nie das Gefühl, dass wir den Sieg noch verspielen könnten."

Henry hat mit gut 500 Meter immer noch genügend Vorsprung, und als der Wanyoike-Express wieder in Fahrt kommt, glauben die Gegner nicht mehr an ihre Chance. Während des Finales klatscht die Menge frenetisch.

Bei den Radiosendern wiederholen die Reporter immer wieder, dass man über den Sensationsläufer praktisch nichts weiß. Nicht einmal, wie groß seine Sehschädigung ist. Es scheint unvorstellbar, dass ein zu solchen Höchstleitungen fähiger Athlet der Fachwelt bisher völlig unbekannt geblieben ist. Schließlich konnte dieser Mann die Weltklasse zweimal überrunden, bevor er Schwierigkeiten mit seinem Führungsläufer bekommen hat.

Jetzt rufen die Trainer: „Henry, pass auf John auf!" Aber Henry hört nur den Jubel, in dessen Mittelpunkt sein Name steht. Plötzlich ein Ruck. – „Henry!" – Röchelnd sackt John zu Boden. Ganz langsam, wie in Zeitlupe, kippt er weg. Könnte Henry sehen, er sähe die Verzweiflung und Pein im Gesicht seines Freundes. So aber spürt er nur den Ruck, und dann reißt ihn der fallende Körper mit zu Boden. Das Stadion schreit auf. Und mit Grausen erinnert sich Henry: „Es war, als hätte der Tod sämtliches Leben aus dem Stadion gezogen. Für einen Moment war es still. Ich konnte ja nicht sehen, wie John fiel. Ich hörte nur: ‚Henry'."

„Warum?", fragt Henry, „warum ich, warum jetzt, fünfzig Meter vor dem Ziel?" Vorbei der Gedanke an den verpassten Weltrekord, weg die Selbstsicherheit. Die Zuschauer sehen, wie Henrys Konkurrenten erneut Tempo machen. Den Radioreportern kommen die Worte abhanden, bevor sich ihre Stimmen überschlagen: „Drama! – Tränen! – Wut! – Wie konnte das passieren?"

Und Henry? Tausende erleben, wie er sich in dem Moment, in dem er alles verloren glaubt, an Gott wendet. Vielen Zuschauern verschlägt es die Sprache, und vielleicht gab es nie intimere Momente zwischen Sportlern und Publikum. „Ich war auf einmal ganz ruhig, bückte mich und versuchte, John auf meine Schulter zu legen, so dass seine Beine noch Bodenkontakt hatten. Von irgendwoher rief mir ein anderer Sportler zu: ‚Henry, geh allein, lass ihn liegen. Das wird schon.' Aber ich lasse meinen Freund nicht liegen, und außerdem wusste ich, dass wir beide ins Ziel müssen. Ich bat Gott um Kraft – immer wieder."

Auf den Reporterbänken kann man es nicht fassen: „Jetzt versucht dieser Kerl seinen Führungsläufer auf die Beine zu stellen! Unglaublich! Aus dem Nichts ist er hier aufgetaucht. Und sehen Sie, was er jetzt tut!" Nein, so etwas haben selbst erfahrene Journalisten noch nicht gesehen.

Inzwischen ist ein Rollstuhlfahrer an der Bahn eingetroffen. Der Vorsitzende des kenianischen Olympischen Komitees, Jadeh Musee, konnte es auf der Ehrentribüne nicht länger aushalten. Eine Hostess brachte ihn näher ans Geschehen. Musee will dabei sein, wenn Henry die Kommandos gegeben werden. Und der müht sich, John in Richtung Finish zu tragen. „Ich wusste, dass für einen einzelnen Menschen die Aufgabe nicht zu schaffen war. Immer wieder habe ich ‚mungu niseindie' gemurmelt, habe gespürt, dass Gott mir in diesem Moment ganz nah war, dass ich Kraft entwickelte, mehr noch als zuvor. Ich wusste auch ganz genau, wohin ich mit John musste. Natürlich brüllten meine Freunde und Betreuer. Die Befehle ‚kurare', ‚kushoto', und ‚mbere' knallten in mein Ohr. Ich dachte an meine Heimat und daran, wie die Fahne Kenias aussieht. Ich dachte an meine Mutter und meine Schwester Beatrice."

Inzwischen recherchiert der Archivar Green in Kenia. Er hat sich die Telefonnummer des Olympischen Komitees besorgt und will Informationen über diesen Sportler. Green hört sich die Radioübertragung aus dem Stadion an. Die dramatischen Ereignisse packen auch ihn. Endlich hat er eine Sekretärin des Leichtathletikverbandes von Kenia an der Leitung. Sie berichtet, dass Wanyoike irgendwo aus der Nähe von Nairobi stammt. „Er hat die nationalen Qualifikationen überraschend gewonnen. Das war schon sehr ungewöhnlich, weil er vorher völlig unbekannt war." Nein, mehr wisse sie über Wanyoike auch nicht. Und dann wünscht sie ihm einen schönen Tag in Sydney.

In eben diesen Sekunden hat Henry keinen so angenehmen Tag. „Hätte ich die anderen Läufer sehen können, sie hätten mich sicher angegrinst und gefeixt. Bestimmt freuten sie sich, weil sie glaubten, mich am Ende doch zu kriegen, diesen Kleinen aus Kenia, der es gewagt hatte, den elitären Club der blinden Läufer zu blamieren."

Das Stadion ist wieder da. Einige brüllen, andere weinen, junge Männer versuchen die Bahn zu erreichen. Aber merkwürdig: Je länger Henrys Kampf auf der Bahn dauert, desto bedächtiger reagiert das Publikum. Die Menschen scheinen zu spüren: Der schafft das auch alleine.

Henry steht wieder gerade und zieht John vom Boden hoch, der nun in einem 45-Grad-Winkel zu ihm hängt wie eine Kaufhauspuppe. Als Henry John in Richtung Ziel schleppt, hält es niemanden mehr auf den Sitzen. Ein Einsatzleiter der Polizei ruft aus den umliegenden Revieren Verstärkung herbei. Aber nicht, weil wilde Horden von Hooligans das Feld zu einem Schlachtfeld machen könnten, nein, sondern weil dieser erfahrene Polizist weiß, dass er in wenigen Sekunden einem historischen Moment beiwohnen wird. Der Wanyoike-Express holpert und stolpert die letzten Meter ins Ziel. Noch einmal der Schrei der Massen.

Henry zieht und schiebt im Zeitlupentempo. Die Gegner sind ganz nah. Von John kein Laut mehr. Er hängt an Henrys Rücken. Ins Ziel, er muss ins Ziel.

Triumph?

Und das Wunder geschieht: „Ich war so stark, ich spürte bereits den Atem der anderen. Aber ich wusste auch, dass wir gleich da sind. Die Leute auf den Tribünen schrien ‚Yeah' und ‚Yes'. Und meine Freunde auf dem Rasen brüllten: ‚Gleich Henry, gleich!' Viele klatschten in die Hände. Sportler von anderen Wettkampfstätten waren auf einmal auch im Zielbereich. Sie brüllten meinen Namen. Plötzlich ließ John sich ganz einfach nach vorn fallen. Er regte sich nicht mehr. Ich zog wieder. Ich flehte: ‚Mungu niseindie!'" – Die Menge verstummte. – „Ich dachte, jetzt ist alles aus. Vom Rasen kamen Stimmen, aber alle durcheinander. Ich konnte nichts verstehen. Die Menschen auf den Rängen waren ganz ruhig, und auch dem Stadionsprecher hatte die Stimme versagt. Dann stand ein Mexikaner vor mir, der mir gratulierte: „Ich bin stolz, dass ein Mann wie du mich geschlagen hat! Und wie!" Dann riss er meine Arme hoch.

Der Triumph Davids über Goliath. John liegt ausgepumpt am Boden. Langsam hebt Henry den Arm. „Sind wir schon im Ziel? Um mich herum all die ausgelaugten Körper. Ich konnte es nicht glauben und dachte, dass John kurz vor dem Ziel zusammengebrochen sei. Und doch ging mein Arm hoch, weil auch andere Läufer Beifall klatschten. Ich stand da mit erhobenem Arm, starr vor Furcht. Hatte ich nun gewonnen oder nicht?" Wieder beginnt die Menge zu skandieren: „Henry, Henry"; immer schneller, im Stakkato.

„In der Nähe hörte ich Freunde aus Kikuyu: ‚Kenia, Kikuyu, Wanyoike.' Ja, ich war Henry Wanyoike, Kenia, Bahn drei. Und ich war Olympiasieger von Sydney über 5000 Meter. Oder doch nicht? Da stieß etwas Hartes gegen meine Beine. Ich ertastete das Hindernis: ein Rollstuhl. Langsam nahm jemand meine Hände in seine. ‚Henry, ich bin es, Jadeh Musee.' Mein Verbandspräsident, der kaum gehen kann, weinte. Wieder riss ich meine Hände nach oben. Alle wollten mich anfassen. Ein Läufer hüllte mich in eine Fahne aus seiner Heimat und dann in eine aus Kenia. Gemeinsam liefen wir eine Runde, und da ich mittlerweile den Weg kannte, konnte ich ihn führen. Eine Unterhaltung war nicht möglich, das Gebrüll war viel zu stark. Und ich wollte nicht mehr schreien. Ich fand es wunderschön, wenn Leute meinen Namen riefen oder mit mir sprechen wollten.

Alle kamen, um mir zu gratulieren. ‚Bravo Wanyoike', ‚Henry is a hero.' – Doch ich fühlte mich gar nicht wie ein Held. Die ersten Reporter waren da – und ich hätte eigentlich ganz selbstsicher sein können. Aber ich stand einfach nur da, fast wie beim Start, weil ich nicht wusste, ob ich tatsächlich gewonnen hatte. Sonst hätte ich auch gleich meine Mutter angerufen – aber so?

*Als Botschafter für „Licht für die Welt" am Strand von Mombasa –
Henrys Training vor seinem Weltrekord in Boston*

Und erst eine Stunde später fragte ich nach John. Ich hatte ihn bei all dem Jubel einfach vergessen. Vielleicht hatte ich den Gedanken an ihn auch verdrängt, weil ich dachte: Wäre ich doch nur mit einem anderen Läufer unterwegs gewesen, dann hätte ich sicher gewonnen, stünde hier nicht dumm herum und hätte womöglich einen neuen Weltrekord aufgestellt. Vielleicht war ich am Ende doch nur wieder dieser Henry Wanyoike, Kenia, Bahn drei. Ich fragte mich zu unserem Verbandspräsidenten durch: ‚Was ist mit John?', rief ich. Doch überall schrien die Menschen ‚Henry', und „Jambo Kenia". Das klang nach Mzungus – also nach Weißen –, die schon einmal Urlaub in meiner Heimat gemacht hatten. Ich wollte unbedingt zu John. Er lag nicht mehr auf der Bahn, war auch nicht im Sanitätszelt zu finden. Einer der Ärzte kam auf mich zu, um mich zu beruhigen. Ich erkannte den Mann, der mich vor dem Start angesprochen hatte, um zu erfahren, wie es mir ging. Verwundert bemerkte er: ‚Du wirkst überhaupt nicht erschöpft!' Doch ich wollte nur wissen, wie es um meinen Freund stand, John, der mir so viel Ärger bereitet hatte. Immerhin – er hatte sich von mir weiterziehen lassen, anstatt einfach liegen zu bleiben. Ich konnte ihm nicht richtig böse sein."

Der Notfallmediziner bemerkt, wie aufgeregt Henry ist. Behutsam erklärt er ihm: „Wir haben John in ein Krankenhaus gebracht, es ging ihm wirklich sehr schlecht, ich glaube aber nicht, dass er in Lebensgefahr ist. Wir bekommen deinen Freund schon wieder hin."

Die Journalisten der Nachrichtenagenturen wollen Interviews, sie kämpfen um die beste Position, um Henry nahe zu sein. „Es war schon merkwürdig. Zum ersten Mal erfuhr ich, wie Reporter sein können. Nicht alle sind so, aber ich habe Interviewer getroffen, die mir immer wieder sagten, was für ein toller Kerl ich doch sei und dass sie meine Karriere schon lange verfolgten. Im selben Atemzug aber wollten sie wissen, wo ich denn eigentlich herkomme und was meine Bestzeiten seien."

Bei Henry bleibt ein flaues Gefühl im Magen: „Wieder stieß ich gegen den Rollstuhl unseres Verbandspräsidenten. Jadeh Musee schwieg zunächst. Er kam mit einer schlechten

Nachricht, die einen Teil meiner bösen Vorahnungen bestätigte: ‚Henry, du wirst deine Goldmedaille noch nicht bekommen. Es hat einen Protest gegeben, vielleicht sogar mehrere.' Was hatte das zu bedeuten? Wir waren also doch noch nicht über der Ziellinie, als John umkippte und liegen blieb? Wir sind am Gold knapp vorbeigeschrammt, wir müssen kurz davor gewesen sein? Da entstand wieder das eine Bild vor meinem geistigen Auge: Henry Wanyoike, Kenia, Bahn drei, disqualifiziert und damit Letzter. Den Letzten beißen die Hunde, jetzt werden sie zu Hause über mich lachen. Am besten bleibe ich in Australien und gehe in den Busch."

Doch die Wettkampfrichter erklären: „Es hat Proteste gegeben, und es liegen uns Aussagen vor, wonach Sie gar nicht in diesem Feld hätten starten dürfen, weil Sie sehen können." Anders können sich die Experten nicht erklären, dass ein unbekannter Läufer die Weltelite derart blamiert. „Das hat gesessen! Ich war den Tränen nahe, habe vielleicht sogar geweint." Henry wendet sich an die Offiziellen: „Ihr werft mir ernsthaft vor, dass ich mir diesen Sieg erschleichen wollte! Denkt ihr wirklich, dass ich über Jahre den Blinden spiele, sterben will und verhungern, einfach so?"

„Da war sie wieder, diese Geringschätzung, die ich in meinem Leben schon so oft erfahren musste." Erst später begreift Henry, dass einige der durch ihn blamierten Mitläufer den Protest angemeldet hatten. „Ein Mannschaftskamerad sagte mir, einige Trainer meiner Konkurrenten hätten hämisch gegrinst, als sie mir bedauernd auf die Schulter klopften. Die Proteste kamen wohl von ihnen."

Die Menschen im Stadion wollen ihren Helden. Sie wollen ihn mit Gold um den Hals sehen, wollen ein Interview mit dem Stadionsprecher, eine Live-Reportage im Radio. Doch Henry versteht die Welt nicht mehr. „Ist das die späte Rache aus dem Bauch des Flugzeugs, das den Menschen Schlimmes antut, wie es der Mannschaftskamerad prophezeit hat?" Er, ein stolzer Kikuyu, des Betruges verdächtig! Und vielleicht hat man ihm noch Schlimmeres vorgeworfen. – „Heute gibt es kein Gold für Herrn Wanyoike", teilt das Wettkampfkomitee schließlich mit. „Wir müssen den Fall untersuchen." Henry weint. „Es schien, als hätten sich meine schlimmsten Vorahnungen bestätigt. Ich war ein Ausgestoßener. Sie hielten mich für einen Betrüger, der Schande über die gehandicapten Menschen auf der ganzen Welt, besonders in Afrika, gebracht haben sollte."

Noch heute wirkt Henry ein wenig gedemütigt. Seine Art und Weise, diese Episode schüchtern am Lagerfeuer zu erzählen, lässt das erkennen. Im Kreise seiner Freunde in Kenia ist die Betroffenheit über die Ereignisse von Sydney bis heute groß. Pius Ndugu, Henrys Trainer und ein echter Freund, nimmt Henrys Hand und drückt sie fest. Eine Freundschaft für die Ewigkeit, ein Händedruck zwischen zwei Männern, von denen der eine das Schicksal des anderen trägt – voller Glauben an Gottes Gerechtigkeit. Diese Szene tief im ostafrikanischen Busch macht Henry klar: „Wenn wir damals bei dir gewesen wären, hätten wir das Leid mit dir geteilt und dir Ruhe gegeben. Keiner wird dir Leid zufügen, wenn wir es verhindern können: kein Flugzeug, keine Mzungus – und auch keine wilden Tiere ..."

Demonstrativ schwenkt Joseph eine beeindruckende Machete hin und her. Er hat heute Nachtwache und zieht schwer bewaffnet seine Runde ums Zelt. Henry dankt seinen Freunden dafür, dass sie bereit sind, sein Schicksal zu teilen. Wer weiß denn schon, wie oft Henry geführt und gefahren werden muss, um zu trainieren? Wann das Geld für Fahrkarten nicht reicht und ein Auto aufgetrieben werden muss? Wie der 25 Jahre alte Peugeot, dessen Farbe einmal weiß gewesen sein könnte. Die Freunde begleiten Henry häufig, damit er nicht, wie es ihm schon einmal passiert ist, überfallen wird.

Nachspiele

Aber all das ist nicht so schlimm wie die Stunden und Tage nach Henrys Sieg. Es gibt in Sydney niemanden, der im „Fall Wanyoike" für Klarheit in der Frage um Henrys Sehbehinderung sorgen kann. Sicher, seine Familie, die Freunde, Lehrer und Ärzte, sie alle können bestätigen, dass Henry nichts sieht. Ebenso wie Henrys deutsche Freundin und Förderin Petra Verweyen, seine Betreuerin aus der Kikuyu Eye Clinic. Oder Henrys Therapeutin Regina – sie hätte ihrer Empörung Luft gemacht: „Dieser Mann soll nicht blind sein? Ich habe drei Jahre lang mit Henry gearbeitet, ich habe vor seiner Reise ins Ungewisse nach Sydney mit ihm gebetet, habe versucht, ihm Kraft und Zuversicht zu geben. Nicht zu fassen, dass andere Menschen mit Sehschwäche ihn beschuldigen, weil sie darüber beleidigt sind, dass ein Unbekannter besser ist als sie. Soll das die beschworene Freundschaft unter den Olympioniken sein? Einen besseren Menschen als meinen Freund Henry Wanyoike findet man nirgendwo auf der Welt."

Inzwischen weiß Henry wenigstens, dass sein Freund John außer Gefahr ist und mit starken Dehydrierungserscheinungen im Krankenhaus liegt. Henry hingegen verspürt Angst vor dem kommenden Tag. Die Ärzte haben unterschiedlichste Untersuchungen angekündigt. Sie müssen der Sache auf den Grund gehen, sagen sie. Einer von ihnen vertritt die These, dass Henry zwar möglicherweise blind ist, jedoch verbotene Substanzen eingenommen hat. Seine Leistung sei sonst nicht zu erklären. „Ich antwortete ihm: ‚Ich schwöre bei allem, was mir heilig ist, im Namen meiner Familie – und Gott ist mein Zeuge –, dass ich nichts Derartiges genommen habe.' Jetzt wollten sie mir auch noch Doping anhängen. Schlimmer hätte es nicht kommen können."

Wieder schläft Henry in der Nacht nicht. Denn was heißt „gründlich durchchecken?" Was meinen die Mzungus aus Sydney damit? Wer wird bei ihm sein? Kein Wunder, dass

Henry kein Auge zubringt. Nachts läutet ein paar Mal ein Telefon auf dem Gang, vermutlich Journalisten, die immer noch nicht viel mehr über den traurigen Kikuyu wissen als „Henry Wanyoike, Kenia, Bahn drei". Henry ignoriert das Telefon – was soll er auch sagen? Soll er ihnen vorheulen, dass er es ja immer befürchtet hat, zu versagen. Nein, er will Klarheit. Er ist bereit, sich zu stellen. Ein Kikuyu läuft nicht davon. Wo sollte er auch hin?

Zwei Ärzte holen ihn ab, begleitet von zwei Männern seines Verbandes. Auf der Fahrt zum Krankenhaus riecht Henry durchs offene Fenster die dampfende Erde. Das beruhigt ihn ein wenig. Wenn daheim in Kikuyu morgens ein Schauer die Hitze der Nacht mildert, riecht die Erde genauso. Der Boden ist dann weicher, besser für die Läufer. Die Füße sinken etwas ein, eine Wohltat für die strapazierten Gelenke. Es ist noch früh. Eigentlich hätte Henry um diese Zeit trainieren müssen. In drei Tagen ist die Entscheidung über 1500 Meter. Da will er – einen gesunden Guide vorausgesetzt – wieder Gold gewinnen. Körperlich fühlt er sich stark, aber seine Seele ist schwer angeschlagen. Wie bei einem Mann mit Platzangst, der eine Nacht in einem stecken gebliebenen Fahrstuhl verbringen musste.

Zeitungsverkäufer laufen durch Sydney, und der Fahrer stoppt an einer roten Ampel. Jemand im Wagen bemerkt: „Das soll doch Wanyoike sein! Vorn, ganz vorn auf dem Titel!" Der Fahrer kauft die Zeitung, und Henry beginnt, an seinen Nägeln zu kauen, was er bei innerer Erregung oft tut. Außerdem schnalzt er mit der Zunge, indem er sie gegen den Oberkiefer drückt und ruckartig wieder nach unten zieht. „Was steht denn da?", fragt er erwartungsvoll. Die Männer im Auto fangen an zu lachen. „Henry", und wieder dieses Schulterklopfen, „da ist eine feine Karikatur von dir drin, ein Cartoon, in dem ein Held namens Wanyoike seinen gefallenen Freund und Führungsläufer durch das Stadion zieht – bis zum Sieg!

Eine gute Nachricht und sicher ein gutes Omen!" Henry freut sich: „Mein Name steht auf der Seite eins einer Zeitung? Das gab es noch nie! Jetzt müssen sie mich gerecht behandeln!" Hoffnung keimt auf.

„Da, schaut", wieder stoppt der Fahrer. Henry schnalzt hinten im Auto mit der Zunge. „Die wissen von mir", denkt er bei sich. Wieder Schulterklopfen und anerkennendes Gemurmel. „Mensch, Henry, diesmal ein Foto von dir in der Zeitung! Ganz groß! John liegt am Boden, und du stehst über ihm und reckst den Arm in Siegerpose gen Himmel. Der Journalist erzählt zum Foto die Geschichte des traurigen Helden, der wie kein anderer Gold verdient hat." – „Gut, das ist gut!", sagt ein anderer Mzungu. „Du hast die Medien auf deiner Seite. Jetzt darfst du nur nicht den Fehler begehen und vor den Untersuchungen große Interviews geben, in denen du mit irgendjemandem abrechnest. Das wäre ganz falsch. Es könnte dem Weg, auf dem die Geschichte jetzt ist, wieder eine andere Richtung geben."

Der Kikuyu hat sich das auch fest vorgenommen. „Ich hatte die ganze Nacht im Gebet verbracht, und Gott schenkte mir die Kraft, den kommenden Tag durchzustehen. Und der wurde hart! Computertomographien und Untersuchungen, die ich noch nie über mich hatte ergehen lassen müssen. Das alles in einem fremden Land ohne Freunde an meiner Seite. Und dann haben sie mir wehgetan, wahrscheinlich ohne es zu merken. Immer wieder bombardierten mich die Ärzte mit Licht; hellstes Scheinwerferlicht in die Augen – wie in den schlimmsten Verhören. Es war schrecklich! Wenn ich auch nichts erkennen kann, so merke ich doch, wenn mein Gesicht zum Beispiel starkem Sonnenschein ausgesetzt ist. Das irritiert mich, weil es etwas ist, das ich nicht anfassen kann. Natürlich kann ich mich an starken Lichtschein erinnern und weiß, dass er den Augen schadet. Darum laufe ich auch nicht gern bei übergroßer Hitze. Ich fühle, wie gleißendes Licht in meinem Gesicht herumwandert, und davor fürchte ich mich.

Sie brachten meine Augen ganz nah an die Lichtquelle, das spürte ich. Sehen kann man das wohl kaum nennen. Warum musste ich diese Tortur mehrfach über mich ergehen lassen? Wie ein kleiner Junge fragte ich: ‚Warum tut ihr das mit mir, habt ihr Spaß daran, einen Afrikaner zu quälen, der sich aufgemacht hat, um es der Welt zu zeigen?' Die Untersuchungen nahmen kein Ende."

An anderer Stelle in Sydney, in seiner Kammer geballten Wissens, quälen Arthur Green die Fragen nach dem Phänomen Wanyoike. Der Archivar weiß immer noch nicht viel mehr über ihn. Die Segnungen – oder der Fluch – des Handys haben in Kenia noch nicht Einzug gehalten. Nur die Reichen haben ein Mobiltelefon. Festnetzanschlüsse funktionieren in Kikuyu und ganz Kenia nur in den seltensten Fällen. Endlich ist es dem Archivar gelungen, den Sprecher vom kenianischen Leichtathletikverband ans Telefon zu bekommen. Langsam und zufrieden lässt sich Green in seinem großen Wippsessel zurückkippen, schlürft einen Schluck Kaffee und beginnt das Gespräch: „Jetzt erzählen Sie mal, wer ist dieser Wanyoike?" – Am anderen Ende der Leitung räuspert sich die Stimme, für einen Augenblick ist es still, bevor der Mann antwortet: „Wanyoike –, äh, Wanyoike, den Namen habe ich noch nie gehört." – „Das kann doch nicht wahr sein. Sie sind doch der Verbandssprecher! Und Sie wissen nichts über den Mann, der gestern bei uns Sportgeschichte geschrieben hat?"

In der Klinik bebt Henry inzwischen vor Angst. „Ich dachte, ich bin ein Ziel von Laserattacken. Immer wieder registrierte ich so etwas wie Blitzeinschläge. Ich bekam furchtbare Kopfschmerzen. Sie träufelten mir eine Flüssigkeit in die Augen, die dann nur noch tränten." Wäre er doch nur nicht in dieses Flugzeug gestiegen. Oder noch besser: Hätte er das mit dem Laufen als Blinder ganz sein gelassen, dann hätte man ihn hier und jetzt nicht so gedemütigt. Andererseits, in seiner Heimat ist er ja auch gedemütigt worden, verspottet und verlacht, verprügelt und manchmal einfach ignoriert. „In Sydney bin ich durch die Hölle gegangen, da sind sie Achterbahn mit mir gefahren. Mal hoch, mal runter. Zum Glück konnte ich kurz mit John sprechen. Es ging ihm besser, er machte mir sogar Mut: ,Henry, es gibt keinen besseren Läufer und keinen mutigeren Menschen als dich. – Alles wird gut.'"

Am Nachmittag erneute Torturen. Die Proteste des Verbandes ignoriert man: „Wir wollen hier erst gar keine Gerüchte aufkommen lassen ..." Abends wird Henry erschöpft ins Hotel entlassen. Niedergeschlagen und mutlos fällt er ins Bett. Er ist genauso schlau wie am Morgen, denn niemand will vor Abschluss der Untersuchungen ein Statement abgeben. Gott ist gnädig und schenkt ihm einen tiefen Schlaf. Der geschundene Athlet, der sonst keine Farben sehen kann, verbringt eine Nacht, die in strahlendem Gelb verschwimmt. Offenbar spielen ihm die verbliebenen Nervenbahnen in dieser Nacht das Stück „Die Farbe Gelb". Die Farbe, in der auch das Gold der Sieger strahlt.

Früh wecken ihn Mannschaftskameraden. Die Sonne durchflutet das Olympische Dorf. Lärmend stehen sie vor Henrys Bett. Da ist immer noch das helle Gelb. Er schützt seine Augen mit der Hand, als würde er gegen die Sonne schauen. Mit dröhnendem Kopf hört er Leute seinen Namen rufen. Wieder schnalzt er mit der Zunge. „Was ist los?" Für ihn geht alles durcheinander. „Gold für Wanyoike, Kenia!", brüllt einer. Dann fallen alle in die Jubelschreie ein und lassen ihn hochleben: „Henry, du hast es geschafft! Es hat geklappt! Wanyoike für Kenia! Die Gerechtigkeit hat gesiegt!"

Er hat es geschafft – mit Gottes Hilfe! Ihm ist ein Paukenschlag im großen Orchester des Lebens gelungen! Er ist Henry Wanyoike aus Kikuyu in Kenia – und Goldmedaillengewinner über 5000 Meter bei den Paralympics in Sydney! Am späten Nachmittag, als die Wettkämpfe beendet sind, platzt das Stadion noch einmal aus allen Nähten. Die Arena ist randvoll. Und viele sind nur wegen eines neuen Helden da: Henry Wanyoike aus Kenia! Sportfans aus aller Welt ziehen den Hut vor ihm. Henry genießt diesen Tag, seinen schönsten, größten Tag. „Der Herr hat die Dunkelheit meines Lebens mit Licht ausgefüllt. Er hat es mir ermöglicht, meinen Gegnern zu trotzen."

Auch Arthur Green ist ins Stadion gekommen. Persönlich will er Informationen über Wanyoike sammeln. Mittlerweile kennen die Kollegen sein Trauma. Spaßvögel aus der Redaktion grüßen den Archivar mit der Frage: „Arthur, ganz unter uns, was gibt es Neues über Wanyoike. Weißt du schon was?" Nein, eben nicht, und darum hat er sich einen halben freien Tag spendiert und ist heute mit seinen Redakteuren ins Stadion gegangen. „Das also ist Herny Wanyoike. Nicht sehr groß ..." Aber noch nie oder nur sehr selten hat er einen Menschen derart strahlen sehen. „Er besitzt das unbeschwerte Lachen eines Menschen, der mit sich selbst im Reinen ist", notiert er.

Henry wirkt wie ein gut gelaunter Harry Belafonte, born with a smile on his face, dem Lächeln, das alle beglückt. Er tänzelt und wiegt sich. Dieser Moment gehört ihm. „Ich wollte alle herbeitanzen, alle sollten dabei sein! Vorher wollte ich niemandem begegnen – es war die Schmach und die Furcht. So wie nach der Nacht meiner Erblindung. Auch damals konnte ich niemanden um mich ertragen. Meine Mutter ebenso wenig wie meine Schwester, meine Freunde oder die Nachbarn. Die Leute brachten mich mit Drogen in Verbindung: ‚Kein Wunder, dass der blind geworden ist, der hat mit Koks und Crack zu tun gehabt', sagten sie."

An seinem großen Freudentag aber will Henry im Mittelpunkt stehen. „Es war wie im Rausch, dabei trank ich doch gar nichts. Ich berauschte mich an den Henry-Rufen. Und eines war ganz sonderbar: Wieder hörte ich diese hohen, süß klingenden Stimmen. Ich fragte meine Kameraden, aber niemand außer konnte sie hören." Nur ihm gilt der Jubel. „Ich habe gesiegt, mein Gott, und du bist bei mir." Henry denkt an Regina, seine Therapeutin: „She's simply the best", singt der Gewinner der Goldmedaille, natürlich in falscher Tonlage. Und dann noch an Petra, die Augenspezialistin aus Chemnitz, die zuvor in Kikuyu gearbeitet hatte. Auch Petras Mutter hat ihren Anteil an seinem Welterfolg. Schließlich hat sie ihm das Trikot gekauft, für das sonst kein Geld da gewesen wäre. Ein Detail, das möglicherweise den Chronisten Green interessieren könnte.

Allmählich lässt seine Anspannung nach. Das süße Gefühl des Sieges macht sich im Körper breit, als Henry die Goldmedaille küsst und umarmt. Da merkt er, dass er von innen bombardiert wird. „Es blitzte in meinem Kopf, und ich musste mich plötzlich ducken. Ich hatte schreckliche Kopfschmerzen. Was war los mit mir? Musste ich etwa am Tag meines Triumphes abtreten? Dabei hatte ich doch heute mein Buch des Lebens für die Öffentlichkeit ganz weit aufgeschlagen."

Besorgt und aufgeregt läuft Henry zu seinen Mannschaftskameraden, die ihn zum Arzt des Olympischen Dorfes bringen. Unterwegs fragt ein Fremder: „Na, zuviel Bier und Wein?" – Der Arzt lässt sich erklären, was in den vergangenen Tagen passiert ist und setzt sich mit dem medizinischen Leiter auseinander. „Sie müssen morgen noch einmal zum Augenspezialisten", teilt er Henry freundlich mit. „Ich vermute, Ihr Gehirn spielt Hollywood. Wenn Sie an Laser denken müssen und meinen, etwas vor ihrem Auge zu spüren, dazu starke Kopfschmerzen haben, dann ist der Fall für mich klar. Sie haben zu viele Dosen starken und grellen Lichts bei den Untersuchungen abbekommen. Aber morgen wird Ihnen mein Kollege sicher eine genauere Diagnose geben können. Machen Sie sich keine Sorgen." Dann lässt sich der diensthabende Arzt im Olympiastadion noch ein Autogramm geben. Henry muss lachen. „Na bitte, ich bin jetzt doch wer. Wenn ein Mzungu-Doktor ein Autogramm von mir will ..."

In dieser Nacht beginnt Henry trotz Kopfschmerzen und vermeintlicher Laserangriffe seinen langen Lauf ins Licht. Ab heute nimmt ihn die Menschheit wahr. Von einem Feuerwerk begleitet, sinkt er mit seiner Goldmedaille im Arm in einen tiefen Schlaf. Was immer auch in ein paar Stunden passieren mag, dieses Gefühl des Triumphes von heute nimmt ihm keiner mehr.

Am nächsten Morgen muss sich Henry erst einmal an seinen großen Sieg erinnern, denn die ersten Stunden des neuen Tages haben mit einer herben Niederlage begonnen. Das Team der Augenspezialisten und Internisten bestätigt die Diagnose des Kollegen vom vergangenen Tag. „Die starke Penetration mit Licht, der Herr Wanyoike bei den Untersuchungen ausgesetzt war, hat dazu geführt, dass das Nervensystem stark irritiert ist. Wir raten daher, auf die Teilnahme am morgigen 1500-Meter-Lauf zu verzichten, da wir einen Start aus medizinischer Sicht nicht gutheißen können."

„Da ist meinen Gegnern in der Tat ein Licht aufgegangen, wie sie mich effizient stoppen können, denn ich glaube kaum, dass mich einer meiner Konkurrenten auf der Bahn besiegen könnte." Aber was soll's? Wer hat noch keine Rückschläge einstecken müssen? Hauptsache, die Welt kennt ihn jetzt. Sie wird ihn auch noch besser kennen lernen. Der lange Lauf ins Licht hat gerade erst begonnen. „Jetzt will ich erst einmal einen ganzen Tag schlafen, denn es ist ja doch einiges passiert", sagt er und lässt sich 24 Stunden von niemandem wecken.

Arthur Green hat derweil hellwach eine Akte und eine Computerdatei über Henry Wanyoike angelegt. Allerdings findet sich darin bisher nicht viel über die Jugend dieses erstaunlichen blinden Athleten aus Kikuyu.

Wir werden ihm auf jeden Fall dieses Buch zuschicken …

2. Laufen und Leben

Eine pelzige Zunge schleckt am Ohrläppchen eines kleinen Jungen, der sich schwitzend auf dem lehmigen Fußboden hin- und herrollt. Das Kind schreckt hoch, als ihm eine übelriechende Flüssigkeit über die nackte Brust läuft. Mit einer Handbewegung, als vertreibe er Hunderte von Fliegen von seinem Körper, wischt der Kleine die Flüssigkeit fort, die sich im Bauchnabel gesammelt hat. Er legt sich wieder auf die durchgeschwitzte Decke und versucht, zurück ins Reich der Träume zu kommen.

Porridge in der Wellblechhütte

„Was sollten die Ziegen denn auch machen? Ich habe gemeinsam mit ihnen in unserer – nun nennen wir es einmal – Küche geschlafen. Zehntausende anderer Kinder mussten das in den Slums von Kikuyu tun. Noch heute schrecke ich aus dem Schlaf hoch, weil ich denke, ich müsste mir den Urin unserer Haustiere vom Körper fegen." Traum und Trauma einer Jugend. Ohne Groll berichtet uns Henry von den Bildern seiner Kindheit. Er sieht ein, dass es nicht anders ging und dass es angesichts dessen, was später kam, eigentlich noch ganz gut lief. Denn Vater David, ein braver aber strenger Mann, ging ohne großes Murren seiner Arbeit in der Zuckerfabrik nach. Natürlich, hier und da ein wenig selbstgebrannter Schnaps. „Und manchmal hat mich mein Vater auch ganz schön verdroschen, weil ich ziemlich frech war. Dass Mutter gut zuschlagen konnte, habe ich schon erwähnt. Oder? Jedenfalls führte sie eine harte Hand. Aber vielleicht war das unter den Umständen, unter denen wir lebten, notwendig."

Henry gab den Ziegen, mit denen er tagsüber aus Mangel an anderem Spielgerät in den Slums herumtobte, Namen. Und nachts schimpfte er mit ihnen: „Sammy, lass das sein!" Sammy, der Ziegenbock, versuchte, seinem natürlichen Trieb folgend, die Ziegen zu besteigen, was in der engen Hütte keine leichte Unternehmung war und Henrys Nachtruhe störte. Henry nahm den Bock häufig bei den Hörnern. Sonst vertrugen sich die beiden ausgezeichnet. „Ich glaube aber, dass Sam besonders gezielt und häufig Wasser gelassen hat, wenn er sich an mir rächen wollte. Auf die Hörner nahm er mich jedoch nie." Die beengten Verhältnisse zu Hause ertrug Henry geduldig. „Ich kann mich dunkel erinnern, wie Papa von mir verlangte, tapfer zu sein und nicht zu murren. ‚Wir haben es schwer genug', sagte er stets. Womit Papa sicher Recht hatte. Schließlich brachte er umgerechnet nur fünf Euro im Monat mit nach Hause."

Und Mutter Gladis, die uns heute einen Besuch im Trainingscamp abstattet, nickt bedauernd, aber auch mit einer Portion Stolz darüber, die Lebenssituation später geändert zu haben. „Was konnten wir mit so wenig Geld anfangen?"

Als Henry am 10. Mai 1974 geboren wird, kann die Familie sich gerade mal den täglichen Porridge leisten, jenen klebrigen Haferbrei, dem zuerst die Briten und dann die Kenianer höhere Weihen verliehen haben. Mit Wasser angerührt – wie bei den Wanyoikes Tag um Tag und oft Mahlzeit um Mahlzeit –, eignet er sich ausgezeichnet zum Kitten von Fenstern. Unsere Freunde wundern sich jedenfalls, mit welchem Wohlgefallen Pippa Breuss, die Spezialistin für afrikanische Fragen, diesen Porridge zu sich nimmt. Darum bekommt diese „waichiky from the bush" – was so viel wie Kundige aus den Tiefen des Raumes Kenias heißt – jeden Tag mit viel Liebe neueste Porridge-Variationen vorgesetzt. Henry und Pippa tun sich zusammen und attestieren dem Porridge noch heute einen gewissen Wohlgeschmack: „Es gibt ihn in unterschiedlichen

Geschmacksrichtungen und für diverse Altersklassen", so Henry, ein deutlich schlechterer Koch als Läufer. Und Pippa prostet ihm mit einer vollen Tasse zu. Die ungewöhnliche Porridge-Würdigung endet mit dem logischen Schluss aus Wanyoikes Mund: „Der Brei ist sehr nahrhaft, und er gab uns Kraft im täglichen Kampf ums Überleben." Und Lauftrainer Pius, ein eifriger Verfechter der Theorie, dass der Schleim schnell und ausdauernd macht, nickt.

Natürlich hilft auch Gott beim steten Kampf gegen Hunger und Seuchen. „Ich habe Henry schon früh beigebracht zu beten; er begriff schnell, worum es im Leben geht. Schon mit drei Jahren war er ein gläubiger Junge, und er hat seinen Glauben auch das ganze Leben lang gebraucht", sagt Gladis.

Verwirrt ist Henry, als seine Mutter in der Enge der Wellblechhütte der Kikuyu-Slums auf einmal ein Baby in den Armen hält und ihrem Sohn erklärt: „Deine Schwester Beatrice. Du musst sie lieb haben und beschützen."

Etwa bis in diese Zeit – 1977 – reichen Henrys Kindheitserinnerungen zurück: „Ich weiß noch, wie ich von Mama wissen wollte, ob mir das Baby jetzt immer was von meinem Porridge wegfuttert. Aber Mama lachte nur und sagte: ‚Es wird es schon noch genug für dich da sein.' Sie tätschelte mir den Kopf – und abends gab es Fleisch zu essen. Das wurde nur an ganz besonderen Tagen zu ganz besonderen Gelegenheiten serviert." Die Geburt von Henrys Schwester ist der Familie einen stolzen Gockel wert. Fortan stören nicht nur die Ausscheidungen der Ziegen Henrys Schlaf unter dem Küchentisch. Im Zimmer der Eltern – übrigens dem einzigen weiteren Raum in der Hütte – kräht eine kleine Erdenbürgerin mit allerlei Getier um die Wette.

So merkwürdig es klingt – damals war die Welt der Familie noch in Ordnung. Bis der Vater nicht mehr in die Zuckerfabrik gehen kann. „Was ist mit Papa?", fragt Henry voller Angst, denn natürlich hat er schnell bemerkt, dass zwischen dem Zuhausebleiben des Vaters und dem Speiseplan, bestehend aus Porridge, Porridge und noch einmal Porridge, eine gewisse Verbindung besteht. Der Vater verliert an Gewicht und an Mut: Malaria – eine der großen Geißeln Afrikas. Die Angst der Mutter um das Fortbestehen der Familie nimmt dramatische Züge an. „Ich spürte, wie Mutter den Kopf verlor, sie musste in dieser Zeit viel weinen. Vater konnte mit mir kein Fußball mehr spielen, so wie wir das früher hin und wieder getan hatten."

Unsere Recherchen über das Leben des Henry Wanyoike führen uns direkt hinein ins Elend der Kikuyu-Slums. Als Transportmittel dorthin dient uns ein betagter Peugeot von Simon, einem Freund. Errungenschaften wie den TÜV gibt es hier nicht, sonst hätte der Fahrzeughalter mit einer hohen Haftstrafe zu rechnen. Wenn Henry sich in die Slums aufmacht, ist es immer auch ein Nachhausekommen. Seine häufigen Besuche gelten seinen zwei Freunden und deren Familien, die noch in Wellblechhütten leben und deren Kinder in der Küche mit den Ziegen schlafen. Oft bringt Henry ihnen Milch mit. Frische Produkte von seinen beiden Kühen July und Browny. Das ist der Beitrag, den der Goldmedaillengewinner und mehrfache Weltmeister Henry Wanyoike leisten kann, um den Ärmsten der Armen beim Überleben zu helfen. Viel mehr geht nicht, denn hohe Preisgelder, wie bei den „normalen" Helden aus dem Sport, bleiben bei den Paralympioniken leider aus.

Vor einem Vierteljahrhundert wäre auch Milch schon etwas ganz Besonderes gewesen, um dem mit Wasser zubereiteten Porridge einen anderen Geschmack zu geben. Jeder im Slum kämpft seinen eigenen Krieg gegen die Armut und träumt von einer Ausbildung. Schon früh wird dem kleinen Henry von seiner Mutter eingebläut, dass Lernen und Beten die wichtigsten Waffen im Duell mit dem Leben im Kikuyu-Slum sind. Und Henrys Familie muss fortan viel beten, denn am 29. Mai 1980 klopft der Tod an das Blech der Hütte der Wanyoikes. Die Malaria siegt über Henrys Vater David.

„Hätten wir damals mehr als die fünf Euro Lohn monatlich aus der Zuckerfabrik gehabt, hätte mein Vater bessere Medikamente bekommen können. Wir hatten aber nicht mehr Geld, und so zog der Tod Papa im Zeitlupentempo aus dem Leben. Als Kind wusste ich noch nicht, was es bedeutet, wenn ein Mensch stirbt. Ich hatte zwar viel gebetet, aber dass Vater ab jetzt bei Gott sitzt, wusste ich nicht. Ich stellte mir vor, er wäre auf einer Art Dienstreise zu einer Filiale seiner Zuckergesellschaft. Während der Beerdigung dämmerte mir, dass diese Dienstreise wohl etwas länger dauern würde. Und schlagartig wurde mir klar, dass ich jetzt die Verantwortung für die Familie übernehmen musste. Es tröstete mich, ein Wanyoike zu sein. Schließlich hatte sich schon mein Großvater den Namen Wanyoike – Krieger – verdient."

Der Ziegenflüsterer

Die Mutter sieht das naturgemäß anders. Henry soll sich in der Schule mit guten Leistungen einen Namen machen. Sie meldet ihn in der Kanjeru Primary School in Kikuyu an, und so beginnt der junge Wanyoike im Alter von sieben Jahren seine Karriere als Pennäler. Die erste Zeit gestaltet sich für Henry, dessen Talente ebenso wie seine Dickköpfigkeit schon damals offenkundig sind, kaum verheißungsvoll. „Mir ging im Kopf herum, dass ich mich als Mann im Haus um die Familie kümmern musste. Ehrgeizig war ich schon immer, und wenn ich mich für eine Sache begeisterte, dann ging ich auch in ihr auf." So sind es weniger die Mathematik oder die Rechtschreibung, in der sich Henry engagiert. Dafür sind ihm seine Tiere enorm wichtig. Weil Henry mit den Ziegen auf engem Raum lebt, interessiert er sich für seine Mitbewohner und will viel über sie wissen.

Mit den Menschen hingegen hat er mitunter Schwierigkeiten: Gladis ist sehr streng. „Mit ihr war wirklich nicht zu spaßen", sagt Henry an seiner alten Spielstätte in den Slums. „Was heißt ‚war', mit ihr *ist* nicht zu spaßen." Noch heute führt die ausgebildete Lehrerin ein strenges familiäres Regiment, und der Weltrekordmann befolgt artig ihre Anweisungen. Klein-Henry bringt die Mutter während der Jahre im Slum immer wieder in Rage. Weil er sich nun einmal in den Kopf gesetzt hat, die Familie zu retten, ist er zwar emsig im Gebet, aber die Schule vernachlässigt er. Hingegen besticht er mit ausgeklügelten Streichen. Und die strenge Witwe Gladis verhilft Henry unfreiwillig zum Einstieg in seine frühe Läuferkarriere.

„Eine unendliche Geschichte, die vor allem mit meinem guten Verhältnis zu unseren Ziegen zu tun hatte. Ich war noch klein. Und was kann ein Siebenjähriger tun, um seinen Teil im Kampf ums tägliche Überleben beizutragen? Als ich die hungrigen Ziegen auf dem Rasen des Fußballplatzes fressen sah, kam mir die Idee. Vierbeinige Rasenmäher! Den Leuten in Kikuyu klagte ich mein Leid und erzählte ihnen, ich müsse meine Familie ernähren, wofür mir allerdings kaum Zeit bliebe, da ich zur Schule gehen müsse. Aber ich könnte mit meinen Ziegen ihre Rasenpflege übernehmen." Manche Gartenbesitzer zeigen sich vom Ideenreichtum des Jungen beeindruckt und engagieren Henry & Co. War es nun das Schicksal oder einfach nur die Gier, dass die Ziegen in ihrem Einsatz den Rasen zwar nicht ganz vergaßen, jedoch den köstlich schmeckenden Blumen den Vorzug gaben? – Damit hat der Jungunternehmer Wanyoike nicht gerechnet. Schon eilt seine erste Kundin wutentbrannt in Richtung Kikuyu-Slum davon.

Aber Henry lässt sich nicht beirren. Er steuert den nächsten Garten an und bereitet seine Ziegen auf das erneute Mähen vor. Beschwichtigend redet er auf sie ein und versucht ihnen den Ernst der Lage klarzumachen. Beim ersten Mal haben sie die Sache verbockt. Das gilt es jetzt auszubügeln. Schließlich wollen sie doch etwas verdienen und Obst und Kartoffeln mit nach Hause bringen. Natürlich verspricht er ihnen auch den einen oder anderen Apfel, falls sie den Unfug mit dem Blumen- oder gar Gemüsefressen im Garten der neuen Kunden bleiben lassen. Henry, der Ziegenflüsterer. Kaum losgelassen, springen die Vierbeiner über den Rasen und stürzen sich in ein Zwiebelfeld. Hier mampfen sie genüsslich, bis der Herr des Hauses mit einem Dreschflegel auf die außer Kontrolle geratenen Gartenpflegehelfer einprügelt. Vorsichtshalber verlässt Henry die ungemütliche Wirkungsstätte. Woraufhin der Hausherr mit dem Dreschflegel nicht mehr hinter den Ziegen, sondern hinter Henry herrennt: „Ich glaube, da merkte ich erstmals, wie schnell ich laufen kann. Mir war das damals aber ganz gleich, ich wollte nur so schnell wie möglich weg von dem tobenden Mann."

Dummerweise kennt der Henrys Namen und kann sich noch an den Großvater erinnern, den tapferen Krieger, der Grund und Boden gegen Eindringlinge verteidigt hat – so wie der Hausbesitzer jetzt, der schnurstracks auf den Kikuyu-Slum zusteuert: „Du Bandit, ich weiß wo du wohnst! Mal sehen, was deine Mutter sagt!"

Der wütende Mann begegnet einer entrüsteten Frau, die über den „Rotzbengel" und seine Ziegen schimpft. Gemeinsam machen sie sich auf den Weg zur Blechhütte der Wanyoikes. Dort führen sie ein erregtes Gespräch mit Gladis. Henry ist inzwischen auf einen Baum geklettert und beobachtet aus der Ferne, was sich vor der Hütte alles abspielt. Nach einiger Zeit sieht er seine Ex-Kundschaft abziehen. Von da an taucht alle fünf Minuten Gladis vor der Hütte auf und ruft seinen Namen. Er zieht es vor, erst einmal auf dem Baum sitzen zu bleiben. Die Mutter ist wütend. Also klettert Henry in einem unbeobachteten Moment hinunter und bindet die Ziegen außer Hörweite der familiären Behausung an. Dann besorgt er sich einen alten Sack und sucht sich einen breiten Ast für die Nacht aus. „Mutter war so sauer, dass sie in ihrer Wut sicher die Ziegen geschlachtet hätte. Es war allemal besser, an diesem Abend nicht nach Hause zu gehen. Ganz gleich, was für eine Strafe sie mir später aufbrummen würde."

So verbringt Henry die Nacht im Baum und träumt davon, ein großer Krieger auf der Jagd zu sein: tapfer, hilfreich, listig und gut. Es ist gar nicht schlecht, wie ein Koalabär zu schlafen. Hier stören ihn die Ziegen mit ihren pelzigen Zungen und ihrem steten Harndrang nicht. Henry überhört auch die Rufe der Mutter, in die sich nach und nach ein Schluchzen mischt: „Henry, mein Sohn, wo bist du? Du darfst uns doch nicht auch noch verlassen!" Am nächsten Tag erscheint Henry mit einem unschuldigen Lächeln zu Hause. Damit kann er, und das weiß er, alle Leute einwickeln – nur nicht seine Mutter. „Henry, du Nichtsnutz, wo sind die Ziegen?" Sie will sich auf ihn stürzen, aber Henry weiß noch aus der Begegnung mit dem Dreschflegel-Wüterich, der ihm und den Ziegen ans Leder wollte, dass er ungewöhnlich flink auf den Beinen ist. Als er die Flucht antritt, ruft er: „Ich wollte doch nur für dich und die Kleine sorgen. Tu mir nichts!" Schon ist er der Mutter entwischt. In sicherer Entfernung wartet er und lacht. Gladis sieht ihren munteren Lausbuben und droht ihm mit der Faust: „Warte Bürschchen, wenn du nach Hause kommst!"

Nein, das sind nicht Henrys beste Tage. In der Schule setzt es Backpfeifen, weil Henry in erster Linie sein Talent als Komiker entfaltet und für Schönschrift oder das Erlernen von Liedern nicht viel übrig hat. Dabei verfügt er über eine gute Auffassungsgabe. Und möglicherweise ist es ganz vernünftig, was er da schreibt. Nur hat der Lehrer Mühe, es zu entziffern. Also erkundigt sich Henry, ob er dem Lehrer Nachhilfe im Lesen von Schülerschrift erteilen soll – was ihm nicht gut bekommt. Und Henry gibt seinen alten Plan nicht auf. In den nächsten Tagen und Wochen versetzt er etliche Gartenbesitzer in Angst und Schrecken. Er gilt als gefürchteter Führer einer kleinen Ziegenarmee, bestehend aus drei, manchmal vier Tieren. Die Mutter schimpft und will ihn ein ums andere Mal bestrafen. Doch immer entwischt ihr Henry. Das Laufen wird zur Routine. – Laufen und leben.

Und allmählich weitet es sich zu einem ausgeklügelten Räuber-und-Gendarm-Spiel aus. Die Mutter geht mit List und Tücke vor und verspricht den größeren Nachbarskindern eine Portion Porridge extra, wenn sie ihr helfen, Henry zu stellen, den sie so häufig suchen muss. Derweil lässt Henry weiter die Ziegenarmee aufmarschieren: „Ich hatte damals schon einen starken Willen, die Idee war einfach gut." Für eine Sonderration Essen fackeln die Slum-Kids nicht lange, und so können die Bewohner des Viertels ein- bis zweimal in der Woche eine Art Reality-TV bei Sonnenuntergang verfolgen, Wetten inklusive. Die einen setzen ein paar Schillinge auf Henry, die anderen auf die Verfolger. Henry kennt noch heute seine Fluchtrouten, die er sich als Nachfahre des großen Kikuyu-Kriegers zurechtgelegt hatte, bevor er nach Hause zurückkehrte: „Ich bin meiner Mutter so dankbar, dass sie mir damals Beine gemacht hat. Auf der Flucht entdeckte ich das Laufen. Zum ersten Mal veränderte das Laufen mein Leben. Später durfte ich noch tiefer begreifen, was für ein Geschenk das Laufen für mich ist! Gott gab mir die Fähigkeit zum schnellen langen Laufen, um so meinen Weg zu finden. Sonst wäre ich nicht mehr am Leben."

Wie viel sind 10 000 Meter?

Als er zehn Jahre alt ist, wendet sich das Schicksal des frechen, pfeilschnellen Humoristen: „Meine Mutter hatte endlich ein offenes Ohr bei unseren Verwandten gefunden. Vielleicht, weil ich so aufsässig war. Jedenfalls wollten die Großeltern etwas für uns tun und legten zusammen, damit wir uns ein kleines Häuschen kaufen konnten. Ich glaube, das war der zweite Triumph meines Lebens. Der erste war, dass ich als kleines Kind den anderen Slum-Kids und Mama davonlaufen konnte. Und der zweite, dass wir das Elend räumlich hinter uns ließen. Die Ziegen nahmen wir mit, aber sie konnten mich nachts nicht mehr anpinkeln, weil sie draußen weideten. In die Schule, mit deren Lehrern ich mich nicht verstand, brauchte ich nicht mehr zu gehen, was wohl beiden Seiten gut getan hat. Ich wechselte mit den allerbesten Vorsätzen. Außerdem hatte ich mich entschlossen, entweder Fußballprofi zu werden oder Läufer.

Wir waren aus den Slums heraus, und ich hatte eine Perspektive. Und das schon mit zehn Jahren. Ich war fest entschlossen, mich zu bessern und all das zu tun, was die Lehrer verlangten. Ein wenig Freiraum für eigene Späße wollte ich allerdings schon beibehalten. Meiner Mutter musste ich das ja nicht unbedingt auf die Nase binden. Sie blühte sichtlich auf und bekam schnell einen Job als Lehrerin. Wir konnten sogar eine Kuh kaufen und hatten auf einmal Milch, anfangs noch mit viel Porridge. Nach einiger Zeit wurde der Speiseplan wieder reichhaltiger, wir konnten uns frisches Gemüse und Obst leisten. Ich half nach dem Lernen viel im Haushalt, kümmerte mich um meine Schwester, besorgte Holz und schlug den Mais für die Kuh. Die Ziegen setzte ich nur noch bei uns zu Hause und bei meinem Freund nebenan ein. Natürlich haben sie auch hin und wieder Blumen gefressen, doch das war jetzt nicht mehr schlimm. Wir führten ein fast schon beschauliches Leben. Mutter arbeitete hart, aber mit ihrem Gehalt konnten wir einigermaßen haushalten, und ich hatte viel Spaß an der Schule.

Irgendwann waren alle Kameraden aufgeregt. Ich hatte mit meiner Karriere als Läufer noch gar nicht richtig losgelegt und war auch noch nie weiter als etwa zwei Kilometer am Stück gelaufen. Warum auch? Viel zu anstrengend. Und um ein richtig guter Läufer zu sein, müsste ich schon erwachsen werden. Aber an diesem Tag, etwa ein halbes Jahr nach Eintritt in die neue Schule, sah ich einige ratlose und verzweifelte Gesichter auf Seiten der Lehrer. Auf meine Frage, was es gebe, bekam ich zur Antwort: eine Katastrophe! Einer der besten Läufer der Schule sei nicht zum Unterricht erschienen. Und dabei sollte doch an diesem Tag der große Wettkampf steigen.

Unsere Schule war dafür bekannt, dass sie hervorragende, sogar international bedeutende Läufer hervorbrachte. Ich zuckte nur mit den Schultern und wollte meiner Wege gehen, als plötzlich ein Mitschüler meinte: ‚Der Wanyoike, der kann vielleicht rennen! Ich habe versucht, ihn im Auftrag seiner Mutter einzufangen – ich bin der Schnellste aus unserer Klasse und um einiges älter als Wanyoike. Aber der hat mich einfach abgeschüttelt. Den hätte ich nie gekriegt, es sei denn, ich hätte ihn aus dem Hinterhalt überrascht.'"

Daraufhin bestellt der Direktor den neuen, schüchtern wirkenden Schüler zu sich: „Bist du wirklich so schnell wie die deine Mitschüler behaupten?" Dabei sieht er auf Henrys bloße Füße. Henry trägt nur an Feiertagen Schuhe. Seine Augen blitzen temperamentvoll. Der Direktor ruft nach dem Sportlehrer und verfügt: „Der Junge läuft, er kann das."

„Da stand ich nun – und mein Herz rutschte mir in die Hose. Was soll ich? Laufen? Gleich 10 000 Meter? Wie viel sind 10 000 Meter – bis ans Ende von Kenia? Oder ist es so weit wie nach Nairobi oder Mombasa? Ich hatte keine Ahnung. Und jetzt sollte ich ins kalte Wasser geworfen werden und gegen viel ältere Läufer antreten! Aber irgendwie spürte ich, dass die anderen Mitschüler zu mir aufblickten, und ihre Blicke sagten: Du musst uns helfen! Ein großer Junge, den ich zuvor noch nie gesehen hatte, rief mir zu: ‚Henry, das schaffst du ganz bestimmt! Stell dir einfach vor, deine Mutter verfolgt dich gemeinsam mit anderen schnellen Läufern und will dir an den Kragen, dann kannst du gar nicht mehr verlieren! Was heißt verlieren? Dann schlägst du die anderen vernichtend!'"

Für einen kurzen Moment vermeint er es zu hören, das Wort „Held". Aufgeregt schnalzt er mit der Zunge. Es erwartet ihn ein Feld von Läufern, von denen einige einen guten Kopf größer sind als er. Schon mehr als 15 Jahre vor seinem Wunderlauf von Sydney erfährt Henry, was es heißt, von den Konkurrenten vor dem Start gedemütigt zu werden und gegen scheinbar übermächtige Gegner in Turnschuhen antreten zu müssen: „Na Kleiner, willst du von uns was lernen?", fragt ein großer Bursche in einem roten Trikot, „oder sollen wir dich einfach über den Haufen rennen?"

Gut, dass die Mitschüler an Henry glauben. Mehrere Dutzend Kameraden feuern den barfuß am Start stehenden und vor Angst schlotternden Jungen an. „Ich spürte auf einmal eine Kraft in mir und wusste nicht, woher sie kam. Ich weiß auch nicht, ob ich zu Gott gebetet habe. Jedenfalls hatte ich Ja zum Start gesagt und wollte nun niemanden enttäuschen. Der Startschuss erschreckte mich zunächst. Dann ging es auf die Reise, und ich fühlte mich leicht und beschwingt. Ich lief wie auf Wolken und verspürte überhaupt keine Anstrengung. Ich schnurrte wie ein gut geölter Motor. Und während die großen schweren Sportler schnauften – der eine wie eine Diesellok, der andere wie das Hausschwein unseres Nachbarn –, konnte ich noch ein Gedicht aufsagen, das wir auswendig lernen sollten. Damit lenkte ich mich von meiner Aufregung ab. Ich glaube, im Gedicht ging es um einen Vogel, der zu einer Kirchturmspitze flog. Immer lauter brüllten meine Mitschüler meinen Namen, und ich fand immer mehr Gefallen daran. Unser Direktor stand an der Laufbahn, und immer wenn ich an ihm vorbeizog, kratzte er sich am Kopf.

Ich selbst konnte es kaum glauben. Warum wurde ich nicht müde, obwohl ich schon über fünf Kilometer gelaufen war? Ich wunderte mich nur, dass ich viele der Trikots jetzt schon wieder von hinten sehen konnte. Auch an dem Kerl in Rot lief ich vorbei. Wie habe ich mich gefühlt? Erst viel später ist es mir eingefallen: Ich fühlte mich wie eine Antilope, die durch die Wildnis unseres schönen Landes läuft. Völlig losgelöst und schwerelos."

Ähnlich sieht es wohl auch der Rote, als Henry an ihm vorbeizieht. „Jetzt sagte er gar nichts mehr, er schaute nur böse und frustriert. Ich kam ins Ziel und hätte noch weiterlaufen mögen, jedenfalls konnte ich die erste Strophe des Gedichts mit dem Vogel und der Kirchturmspitze noch aufsagen. Im Ziel sprangen meine Klassenkameraden und auch ältere Schüler aus meiner Schule um mich herum. Bei den Erwachsenen, meist Sportlehrern oder Trainern, herrschte eisiges Schweigen. Viele schüttelten den Kopf, als wollten sie sagen: ‚Das gibt's doch gar nicht!'

Der Kerl in Rot kam völlig außer Atem auf mich zu, und ich dachte: Jetzt will er mich verdreschen! Aber er schnaufte nur: ‚Wie heißt du denn? Ich hab noch nie etwas von dir gehört.' In sicherem Abstand konnte ich ihm mit ein wenig Stolz in der Stimme antworten: ‚Ich heiße Henry Wanyoike, komme aus Kikuyu und werde einmal Fußballspieler, Läufer oder Rallyefahrer.' – Das mit dem Rallyefahrer war mir gerade eingefallen. – ‚Auf jeden Fall werde ich ein guter Sportler.'

Beim Melken der Kuh im heimischen Stall

Er zeigte mir sein Hinterteil, ging langsam auf seinen am Ende der Laufbahn stehenden Sportlehrer zu und rief: ‚Das glaub ich dir aufs Wort.' Leider habe ich den Knaben nie wieder gesehen. Jedenfalls ist er kein berühmter Läufer geworden, sonst würde ich ihn kennen."

In der Schule herrscht Schulterklopfen, die Sportlehrer sammeln sich um den Neuen, der die Tradition der Schule fortsetzen soll. Was heißt soll? Muss! „Wanyoike for Kikuyu School"; heißt die Devise, und der Direktor sonnt sich im Ruhm. Henry spürt zum ersten Mal so etwas wie offiziellen Respekt. „Klar, meine Freunde hatten mich beglückwünscht, wenn ich beim Fußballspielen ein Tor geschossen hatte. Oder sie hatten mir nach dem Unterricht heimlich Beifall gezollt, wenn ich den Lehrer geärgert und dafür Prügel bezogen hatte. Aber nun zeigten mir die Läufer aus den Kikuyu-Slums, die mich im Auftrag meiner Mutter für eine Portion Porridge hatten stellen sollen, morgens in der Kirche ihre Bewunderung. Da wagte Mama natürlich nicht, mich zu verdreschen, und es waren noch viele andere da, die wissen wollten, warum ich so schnell laufen konnte. Einer scherzte: ‚Wahrscheinlich gab es früher bei den Wanyoikes nur Porridge, das hat Henry so stark gemacht!' Er konnte ja nicht wissen, wie Recht er damit hatte."

Vor allem die Sportlehrer suchen die Nähe des talentierten Läufers. Sie wissen, dass es selbst in einem Land wie Kenia, wo die Burschen nur so zum Spaß 25 Kilometer zu ihren Freunden hin- und wieder zurücklaufen, selten ein solches Talent gibt. Und Henry blüht jetzt richtig auf: Er glänzt auch in den anderen Fächern durch gute Leistungen und scheint das Zeug zu einer Führungspersönlichkeit zu haben, genügend Anerkennung und Bestätigung vorausgesetzt. Lob und Bewunderung bedeuten ihm sehr viel.

Nimmer müde wird der schnellste Schüler der Schule, wenn er die Geschichten seines Großvaters erzählt, von dem er den

Namen erbte: Wanyoike – Krieger. „Mein Opa war ein tapferer Mann, der sich für andere einsetzte, seine Gene sind in meinem Blut", behauptet Henry, den die Mitschüler jetzt auch häufiger Sieke nennen, eine scherzhafte Bezeichnung für einen Krieger, den man nicht ganz ernst nehmen kann. Der humorvolle Henry lacht sich ins Herz der ganzen Schule. Und für sein Lachen ist er bis heute bekannt.

Später, nach seiner persönlichen Katastrophe, gewinnt Henry dieses Lachen zurück, das ihn zu einem unvergleichlichen charming boy macht. Noch heute schwärmt ein wichtiger Wegbegleiter und Ziehvater, sein Lehrer Dominique: „Der Junge gewann die Menschen mit seinem Lachen. Ich spürte das ganz deutlich." Dominique, der blind geboren wurde, konnte niemals etwas mit eigenen Augen sehen. Es freut ihn, dass Henry eine „sehende" Erinnerung hat, dass ein Blinder weiß, wie die Sonnenseiten des Lebens aussehen.

Gespräche in der Nacht

Henry erlebt in jenen Jahren eine Zeit großen Glücks, und mit viel Wärme in der Stimme erinnert er sich: „Ich setzte mich abends oft zu unserer Kuh auf den Futtertrog und muhte mit ihr um die Wette. Mutter hatte kaum Zeit, sie war von der vielen Arbeit geschafft. Ich saß also vor dem Stall und redete mit der Kuh über Papa. Längst wusste ich, dass er nicht zurückkommen würde. Über unserem Stall blitzten die Sterne. Und wenn ich heute mit meinen Freunden Kim und Pius abends zusammensitze, erzählen sie mir, dass die Sterne in klaren Nächten genauso schön um die Wette leuchten, wie ich sie damals sah. Durch die Ausrufe meiner Freunde, die Glück und Leid mit mir teilen, erfahre ich, wenn Lichtschweife von Sternschnuppen aufleuchten. Wir können Teil eines Naturschauspiels sein, bei dem Gott uns zeigt, welch hervorragender Programmdirektor er ist.

Ich erinnere mich gut an die Zeit, als in der Schule alles

besser wurde und wir endgültig aus den Slums heraus waren. Damals wie heute sprach ich mit Gott und mit meinem Papa. – Über was ich redete? – Ach, über alles, was mich bedrückte und was mich freute. Die ersten Gespräche mit dem Himmel, an die ich mich erinnern kann, ähnelten sich sehr. Ich sagte Papa, dass er mich im Himmel bestimmt beobachten kann und sieht, dass es uns auf Erden ganz gut geht. Und ich bedankte mich bei Gott, dass ich in der neuen Schule gut klarkam und mit den Lehrern keine Probleme mehr hatte. Und dass ich jetzt allen mehr Freude bereitete, auch Mama."

Nun wäre Henry nicht Henry, hätte er in diese Gespräche – eigentlich waren es Vorträge – nicht auch einfließen lassen, dass ihm ein gerüttelt Maß an all den Besserungen gebührte. Schließlich war er ja auf die Idee mit den Ziegen gekommen. Die aufgefressenen Blumen und die von seiner Mutter angezettelten Verfolgungsjagden hätten ihm erst gezeigt, wie schnell er laufen konnte. Und wegen seiner Schnelligkeit sei er schließlich ausgewählt worden, um den Läufer seiner Schule zu vertreten.

Wie so viele Afrikaner hat Henry das Zeug zum großen Geschichtenerzähler. Für uns Mzungus heißt das, immer wachsam zu bleiben. Denn schon morgen kann eine spannende Geschichte aus demselben Mund ganz anders klingen. Die Neigung, Storys dramaturgisch zu bearbeiten, ist in Afrika ähnlich ausgeprägt wie beispielsweise in der Provence oder in Süditalien. Chronisten sollten mehrfach nachfragen. Oder Afrikaexpertinnen zur Seite haben wie Pippa Breuss. Glücklicherweise wird in Afrika das Prinzip der Großfamilie gelebt, zu der auch Freunde und Gäste gezählt werden. So ziehen auch wir selten mit weniger als zehn Personen durch die Gegend. Und mindestens acht der Anwesenden kennen die Geschichten bereits. Wir gleichen die verschiedenen Fassungen ab und erzielen die höchstmögliche Übereinstimmung in der Wiedergabe des Geschehens.

Doch Henrys Geschichten besitzen hohe Authentizität, weil er sie seit seiner Erblindung mit vielen Menschen teilen muss. Außerdem steht uns ausführliches biographisches Material zur Verfügung: Zitate von Verwandten, Pastoren, Ärzten, Lehrern und Freunden sowie Zeugnisnoten etc. Und natürlich sind da die Gespräche mit Henry selbst und die gemeinsamen Erlebnisse in seiner Heimat. Zeitungsausschnitte, Fotos, Tonbandaufnahmen, Filme und Radiomitschnitte komplettieren das gut gefüllte Wanyoike-Archiv im heimischen Wohnzimmer. – Ein Quell der Freude wäre dies für den Archivar Arthur Green.

Alle Befragten zeichnen das Bild eines Philanthropen. „Hatte er als Läufer einmal etwas gewonnen, teilte er es sofort mit anderen", erzählt Kim, Henrys Schulfreund und Nachbar, seit die Wanyoikes den Kikuyu-Slum verlassen haben.

Im Trainingscamp übernachten Henry und ich in einem Zelt, das wir importiert haben. Henry ist voll des Lobes über die neue Unterkunft. Wann immer er von jemandem gefragt wird, wie denn das Zelt aus Mzungu-Land sei, schwärmt er im Brustton der Überzeugung von den Qualitäten dieser neuen mobilen Schlafstätte: „Oh, what I can say, it is a very nice tent!" Wir liegen halb im Zelt und halb im Freien. Das Lagerfeuer zuckt im leichten Regen mit den Blitzen eines Gewitters um die Wette. Da zieht mein Zeltpartner sein Handy und ruft die Auskunft an. Er erkundigt sich nach der Nummer eines Freundes. Ich höre, wie Henry fragt: „Entschuldigung, gnädige Frau, wissen Sie, mit wem Sie telefonieren? – Ja ich bin es, Henry Wanyoike, der blinde Marathonläufer. Ich habe gerade meinen Freund und eine Freundin bei mir. Sie schreiben ein Buch über mich und machen eine Fernsehdokumentation." Währenddessen wandert eine Gestalt an uns vorüber, bewaffnet mit Machete und Messer. Die Campstreife macht ihre Runde und schüttelt den Kopf über Henry am Handy. „Ja, genau, der schnellste Marathonmann der Welt. Merken Sie sich das Telefonat, wenn sie bald wieder von mir in der Zeitung lesen – über meine Goldmedaillen von Athen, September 2004."

Was für eine Szene! – Da liegt ein kleiner Mann halb im Zelt, und ein Freund geht mit Machete und Messer Streife, um mögliche Hyänen oder ähnliche Räuber abzuschrecken. Der kleine Mann rubbelt seine Scratch-Karte auf und lässt sich von seinem Freund den Pin-Code vorlesen, dann ruft er um Mitternacht aus der tiefen Wildnis Kenias die Auskunft an, und die Telefonistin, die vermutlich einen Kopfhörer mit nach unten geklapptem Mikro trägt und ihre frisch lackierten Fingernägel bewundert, zeigt sich „very happy", mit einem blinden Wunderläufer zu telefonieren. In diesem Moment hätte der König der Löwen das Camp stürmen und den Wachmann verdrücken können – Henry hätte auch dann das Telefonat so geführt. Allein sein Lachen, wie er sich freut, dass eine Telefonistin seinen Namen kennt, allein das Wissen, dass dieser Mann wirklich an sich glaubt und seinen Lebenssinn darin erkennt, in die Welt zu ziehen und den anderen Mut zu machen – die machen das Abenteuer Wanyoike zu einer unvergleichlichen Geschichte.

Schon vor 15 Jahren interessiert Henry das Schicksal der Kinder aus den Slums. Oft schleicht er nachts aus dem Haus und krabbelt in den Kuhstall. Mit dem vierbeinigen Milchspender versteht er sich ausgezeichnet: „Ich gab unserer Kuh zu verstehen, dass ich ihre Verschwiegenheit brauche. Muh – so hieß die Kuh – kannte die strenge Hand unserer Mutter, und wir verbündeten uns; Muh gab mir in aller Stille Milch. Einfacher war es allerdings, nachmittags beim Melken ein wenig von der flüssigen Nahrung abzuzweigen." In unbeobachteten Momenten läuft Henry mit der Milch hinüber zu den Kikuyu-Slums. „‚Der Milchmann kommt', rief ich, und die Kinder liefen schreiend zusammen." Dünne Arme recken sich ihm entgegen, manche Kinder schreien vor Hunger. Henry verteilt die Milch so, wie es sein Herz ihm vorschreibt: „Ich hatte nie genug – das wäre hinsichtlich meiner Mutter viel zu gefährlich gewesen. Sie hat zwar ein großes Herz, aber ich glaube, da hätte sie nicht mitgespielt." Nein, Gladis hätte ihm kräftig den Marsch geblasen. Oder?

Viele der Freunde von heute wissen von der Geschichte mit der abgezweigten Milch, und Henry zeigt im Camp, wie sehr er sich seiner Wurzeln erinnert, wie sehr er sich mit seinen Freunden im Slum verbunden fühlt. „Natürlich habe ich nie vergessen, woher ich gekommen bin. – Und als mir die Kinder ihre Hände entgegenreckten, wurde mir noch viel deutlicher, wie groß das Wunder war, aus diesen Verhältnissen herausgekommen zu sein. Noch heute könnten mich die Ziegen anpinkeln."

Die Slumbewohner freuen sich auf die Besuche Henrys, und eigentlich ist es unwahrscheinlich, dass die Mutter von alldem nichts geahnt haben soll. – Hat sie? – „Fragt mich lieber etwas anderes, das habe ich völlig vergessen", sagt sie diplomatisch und grinst an einem Sonntag bei Tee, Kaffee und dem unvermeidlichen Porridge, den die Familie nach wie vor zu den großen kenianischen Köstlichkeiten zählt. Auch eine Art, Antworten zu geben.

„Henry for president!", rufen damals einige der Slumbewohner dem Milchlieferanten zu, und der listige Nachfahre des Kriegers verbeugt sich geschmeichelt. Diese Streicheleinheiten tief aus dem Elend der kenianischen Wirklichkeit tun Henry so gut wie den Kindern die frische Milch. „Die habe ich mir früher auch immer gewünscht, nur bekam ich so selten welche. Ziegenmilch gab es zwar, aber was ist das schon gegen Kuhmilch. Schon damals schwor ich mir: Egal, was mir im Leben noch passieren mag, für die Menschen aus dem Slum werde ich immer da sein. Und das war es, was ich in vielen sternenklaren Nächten, als Himmelskörper mit einem langen Feuerschweif in der Nacht verglühten, mit meinem Vater und Gott besprach. Als ich diesen Schwur leistete, fielen ganz besonders viele Sternschnuppen vom Himmel. Nachrichten aus dem Himmel?"

Was sein Vater wohl gesagt haben mag, als Henry die Gelegenheit beim Schopf packt und einer hübschen jungen Frau ein Küsschen auf die Wange haucht: „Stellt euch einmal vor, meine Mutter wäre damals überraschend nach Hause gekommen, was da los gewesen wäre!" Als er verschüchtert von seinem ersten Kuss berichtet, scheint es, als würde er erröten. Und die Nachbarsburschen und Trainingsläufer zollen dem tapferen Henry von damals noch heute stillschweigend ihre Hochachtung. Eine mutige Tat, schließlich sei Henry gerade erst volljährig geworden – und da ist das Küssen kein ungefährliches Thema. Vor allem, wenn gestrenge Erziehungsberechtigte von einer solchen Liaison Wind bekommen – oder die Pastoren in den ungezählten Kikuyu-Kirchen.

Wir stellen uns lieber erst gar nicht vor, was in dem Moment hätte passieren können, als Henry als unerfahrener Liebhaber auftritt. Für ihn hängt der Himmel voller Geigen: „Doch gar nicht viel später war diese Frau aus meinem Leben verschwunden, obwohl sie nur ein paar Häuser weiter wohnte. Sie wollte mich nicht mehr – aus einem ganz bestimmten Grund." Henry hat nach diesem ersten Kuss gleich ein wenig Lust auf mehr, als Frau Mama gerade noch rechtzeitig nach Hause kommt, um einem netten Mädchen vorgestellt zu werden. Henry serviert der Freundin eine Tasse Tee und verabschiedet sich zum Melken. Das macht er immer so. Kuhmelken – am Nachmittag, voller Enthusiasmus und mit viel Liebe, denn schließlich ist Muh eine wertvolle Verbündete. Draußen gratuliert er sich, dass die Mutter nicht ein paar Minuten früher nach Hause gekommen ist.

Natürlich berichtet er in jener Nacht stolz seinem Vater vom ersten Kuss: „Ich habe heute tagsüber die Sterne gesehen, so schön war's." – Und jetzt sagt er: „Es passte in meinem Leben alles gut zusammen. In der Schule liefen die Dinge problemlos, und meine Beine trugen mich im Sport immer weiter nach vorn. Ich war auf der Überholspur – und ich spürte deutlich, wie mein Vater sich darüber freute."

Henry mit seinem blinden Lehrer Dominique

Geradezu ein Vorbild

Zur Freude gibt es jede Menge Anlass. Henry schreibt und läuft sich in der Schule ganz nach vorn. Die Leistungen im Unterricht bewerten die Lehrer mit „ausgezeichnet" und „gut", und seine läuferischen wie menschlichen Qualitäten sind hervorragend. Sein späterer Lehrer Dominique Munyi schwärmt: „Henrys soziales Verhalten war vorbildlich, stets versuchte er, sich für andere einzusetzen – und er hat es geschafft, vielen Schülern, deren Leistungen schlechter als seine waren, Mut zu machen." Die Erfolge machen Henry stark. Alle lieben ihn, neu ist, dass es in diesem Fall auch die geistigen Trainer und nicht nur die der Rennbahn sind. Ein völlig neues Gefühl für einen zum Mann reifenden Wanyoike: „Einmal lief ich zur Schule und traf auf zwei meiner Lehrer. Der eine war von meiner jetzigen Schule, der andere von meiner alten. Ich blieb stehen und konnte hören, wie der Lehrer von der früheren Bildungsstätte gar nicht glauben wollte, was sein Kollege ihm erzählte: ‚Henry ist ein guter Schüler und ein toller Läufer, wir alle mögen ihn. Er ist die Hoffnung unserer Schule, und er setzt sich für viele ein. Er kann es nicht ertragen, wenn es irgendwo ungerecht zugeht. Ein wahrer Glücksfall für uns.' Der frühere Lehrer schaute so, als hätte man ihm eben erklärt, die Erde sei doch eine Scheibe. Er sagte nur: ‚Meinen Sie diesen Henry Wanyoike, Kikuyu, Sohn von Gladis und dem verstorbenen David?' Dann blickte er anerkennend zu mir herüber und bemerkte, er müsse von diesem Wunder seinen Kollegen in seiner Schule erzählen, wobei er befürchtete, die übrigen Lehrer würden ihn für verrückt erklären: ‚Wanyoike, ein guter Schüler, geradezu ein Vorbild?' Kopfschüttelnd und mit einer gewissen Ratlosigkeit im Blick ging er davon."

Auch bei den Sportskameraden in der Provinz rund um Nairobi löst der Name Wanyoike heftiges Kopfschütteln aus. Öffentlich fragt der Trainer einiger guter Läufer: „Wie sollen wir unsere Jungs denn nur motivieren? Wenn sich dieser Wanyoike anmeldet, will keiner mehr laufen." Henry ist das völlig egal. Er spürt nur diese große Lust am Laufen – auch wenn er nicht unbedingt ein Weltmeister im Trainieren ist. Während der Rennen dreht er seine Runden und macht es sich zur freudigen Pflicht, ins Gespräch mit Gott zu kommen: „Ich gab dem Herrn immer eine Art seelischen Zustandsbericht, wie ich mich gerade fühlte und wie leicht oder schwer mir das Laufen fiel, wie sehr ich mich über die Mitschüler am Rand der Strecke freute, wie ich es genoss, meinen Namen immer wieder aufzuschnappen. Oft dankte ich Gott, weil er mich schnell wie eine Antilope gemacht hat."

Als Henry die Grundschule verlässt, sind die Lehrer traurig, denn der beliebte Junge hält vier Rekorde und will noch viel höher hinaus. Das kann er aber nur, wenn er weiter in einer Schule eingebunden bleibt. Noch hat der Sportverband nichts von sich hören lassen, was vermutlich daran liegt, dass tendenziell jeder männliche Kenianer, der gesund und munter ist, in der Lage sein dürfte, europäische Läufer zu schlagen.

Womit keinem landläufigen Mythos aufgesessen sein soll. Der frühere Marathonläufer Michael Spöttel nimmt in der Fachzeitschrift *Spiridon* allerlei dahergebetete Stereotypen aufs Korn und bündelt zynisch die Meinungen von selbsternannten Fachleuten aus der europäischen Läuferszene: „Edle Naturburschen oder -maiden, die weitab von der zersetzenden Zivilisation, von Umweltverschmutzung und vergifteten Nahrungsmitteln getreu den Traditionen ihres Volkes leben, betreten unverdorben, ungedopt und ob ihrer ‚natürlichen' Gaben siegesgewiss die europäischen Tartanbahnen und zeigen ihren Gegnerinnen aus aller Welt die Hacken. Winnetou in Afrika, lebend in der sauberen Frischluft der heutigen Steppenwelt." Spöttels Adressaten wollen diesen Einwand gegen ein gängiges Vorurteil nicht hören, und auch die Versuche von Deutschlands Langstrecken-As, Dieter Baumann, das Gerede von den Genen mit Berichten über Alltag und Training der kenianischen Läufer ad absurdum zu führen, blieben erfolglos.

Mit den immer gleichen Klischees von einem Black-Power-Potential unterschlagen selbsterkorene Fachleute weiterhin die eigentlichen Gründe für den Erfolg der afrikanischen Athleten: Schließlich – so Baumann und Spöttel – seien es die vermeintlich deutschen Tugenden Disziplin, Fleiß und Ehrgeiz, die gerade die meisten Europäer zu Statisten degradieren.

Selbstverständlich gelten für die afrikanischen Läufer dieselben Voraussetzungen wie für ihre europäischen Kollegen: Krank oder übergewichtig sollten sie nicht sein; was die Ernährung anbelangt, ist die mitteleuropäische Fleischküche nicht sonderlich leistungsfördernd, und ein asketischer Lebensstil dürfte von Vorteil sein. Wobei wir schon öfter den Kopf schütteln mussten: Henrys ausgefeilter Ernährungsplan, der Bestellungen nach eigenem Gusto vorsieht, verhilft ihm nämlich auch vor Marathonläufen zu solch typischen Sportlergerichten wie gebackenen Hähnchenflügeln mit Pommes Frites, dazu fast schon mit Suppenkellen portionierte Mayonnaise und Ketchup in Hülle und Fülle. Und wenn der Guide, den Henry als Gewährsmann in solchen Fällen mit nach Europa nimmt, ihm von dem Stirnrunzeln berichtet, das Mzungus dabei an den Tag legen, pflegt sich Henry zu trösten: „Alles halb so wild, das macht mich nur schneller."

Wer in Kenia zur nationalen Spitze zählt, kann jederzeit Olympia gewinnen. Auch wenn er keine Laktatwerte vorweist oder kaum mehr als ein Paar Turnschuhe in seiner Unterkunft stehen hat. Die Kenner der Szene sind sich sicher: Von Tausenden Jugendlichen schafft es höchstens ein Dutzend bis zur Weltklasse – ein Saisoneinkommen von mehreren Hunderttausend Euro inklusive. Hunderte Läufer aus der zweiten Reihe jedoch müssen sich mit den mehr oder weniger lukrativen Startgeldern auf den Straßenläufen in den USA und Europa begnügen. Und der große Rest wird von den Verbandstrainern bereits nach dem Probetraining wieder nach Hause geschickt.

Schuhmacher und Maulwurfjäger

Von Geschichten dieser Art weiß Henry nichts. Auch als er die Provinzrekorde bricht, lässt sich kein Talent-Scout blicken. Henry bleibt im sportlichen wie menschlichen Sinne unverdorben: „Ich habe in meinem ganzen Leben noch kein Vertragsangebot eines Sportartikelherstellers bekommen. Weder vor meiner Erblindung noch danach. Was mir allerdings geholfen hat, meine Unbekümmertheit und meinen Status zu wahren."

Besuch bei den Mzungus –
Vor dem Riesenrad im Wiener Prater

Als Henry 1990 auf die Kahuho High School wechselt, um am Ende seiner Schulkarriere möglicherweise mit einem Diplom und einem Vertrag für seine sportliche Zukunft dazustehen, beweist der Schüler Wanyoike mehr Fleiß in Mathematik und Englisch als beim Rundendrehen auf der Rennbahn. „Warum sollte ich beinhart trainieren. Ich hatte jedes Mal gewonnen, wenn ich gestartet war. Auf meiner Schule waren die Konkurrenten, die Laufspitze, in der Regel drei Jahre älter, und sie waren auch körperlich weiter, einfach größer – und trotzdem habe ich sie immer wieder abgehängt."

Zwölf Pokale und Bestzeiten zeugen von dieser Pracht, Urkunden und Einträge in regionale Sportbücher ebenso. Aber auch die locken noch keine Späher an, keine Goldgräber, die ihr Glück mit der Leistung kenianischer Läufer versuchen. So macht sich der inzwischen erwachsene Henry Wanyoike nach seiner Schulzeit, die 1993 mit einem Rekord über 10 000 Meter endet, zwar daran, mit den Füßen Geld zu verdienen, jedoch nicht mit den eigenen. „Ich brauchte einige Monate, um mich zu orientieren. Aber keine Autofirma, die mich zum Rallyefahrer machen wollte, rief an, kein Nike, kein Puma. Da stand ich also mit meinem guten Schulabschluss und hatte trotz meiner zwölf Rekorde, meiner vielen Pokale und Urkunden und trotz meiner vielen Fans in der Schule noch nicht einmal ein Paar Turnschuhe. Ich fühlte mich miserabel, denn es schien keine Arbeit für mich zu geben. Bei einer Arbeitslosenquote von über fünfzig Prozent kein Wunder. Schließlich ergab sich die Möglichkeit, Schuhmacher zu werden. Ein Onkel konnte mir diese Ausbildung vermitteln. Weil mir mit einem Seminar über das Herstellen von Schuhen zugleich ein kleines Geschäft mit Verkauf angeboten wurde, nahm ich die Gelegenheit wahr und etablierte einen kleinen Laden im Kahuho Shopping Center. Ich weiß noch, wie ich vor meinem eigenen Laden stand. Die Leute kamen, und einige Freunde zeigten sich beeindruckt: ‚Habt Ihr schon gehört, unser Freund Henry hat ein eigenes Geschäft für Schuhe. Wer hätte das gedacht?'"

Henrys Weg führt bergauf, denn immerhin hat er Arbeit, auch wenn er die Schuhe mehr schlecht als recht verkauft. Doch davon erzählt er seiner Familie kaum. Und von einem Mann wie Henry kauft man eigentlich gern – freundlich, kompetent, hilfsbereit, wie er ist. Der eine oder andere Käufer steckt ihm ein paar Schilling zu, denn im Geschäft erzählt er seinen Kunden von den armen Kindern aus den Kikuyu-Slums, die der Geschäftsmann Wanyoike natürlich weiterhin beliefert, so dass ganz arme Kinder, die in ihrem Leben bisher kaum Freude hatten, urplötzlich Schuhe an den schmutzigen Füßen tragen. Damit Henry spenden kann, verdingt er sich als Jäger, wenn die Sonne glutrot am Horizont versunken ist und die Hühner schlafen gehen. Die Dunkelheit wird ihm zum Freund, denn in besonders schwarzen Nächten jagt Henry am effektivsten. „Ich war der beste Maulwurfjäger in der ganzen Region. Schon merkwürdig, dass ich mich so auf blinde Tiere einstellen konnte."

In aller Regel werden die Erdwerfer, die unter Tage komplizierte Tunnelsysteme anlegen, den Mutterboden aufwühlen und Bauern und Gärtner verärgern, etwa vier Jahre alt und haben bis dahin etwa 36 Kilogramm an Regenwürmern und Käfern vertilgt. Wenn Henry auftaucht, sind die Stunden der kleinen Tunnelbauer allerdings gezählt: „Weil mir die Bauern eine Kopfprämie bezahlten, konnte ich mein Einkommen als Schuhmacher in den Nächten der Jagd deutlich verbessern. ‚Gute Arbeit! Ich hoffe, der Maulwurfkiller steht auch weiterhin zu Diensten', sagten mir mehrere Landwirte und zahlten stattliche Prämien. Ich machte den Job sehr gern, denn ich war gut, die Bauern waren zufrieden und konnten ihre Felder ohne die blinden Störenfriede besser bestellen. Vor allem aber war ich von diesen blinden Tieren, die unter Tage lebten, fasziniert. Manchmal versuchte ich wie sie zu graben, um ihr Verhalten besser zu verstehen. Von einem Lehrer hatte ich gehört, dass sie unheimlich gelenkig sind. Einmal, als ich nach einem

Im Kasarani-Stadion in Nairobi, in dem seine Karriere begann. Mit dabei: Trainer Pius

dieser keilförmigen Tiere buddelte, sah ich, dass er im Tunnel einen Salto rückwärts machte. Das faszinierte mich, besonders, weil dieser fast blinde Vielfraß sonst kaum eine Möglichkeit hatte, sich in seinem Tunnel umzudrehen. Ich war beeindruckt! Kurze Zeit darauf hatte ich ihn gefangen und ihm den Hals umgedreht.

Der zusätzliche Verdienst war nötig, denn wenn ich Slum-Kids Schuhe schenken konnte, waren sie so stolz, dass sie die Schuhe sogar nachts anließen, wenn sie sich in den Hütten mit den Ziegen den Raum teilten. Ihre Freude war meine Freude." In diesen Nächten nach den Geschenken veranstaltet Gott in den Augen Henrys immer wieder ein besonderes Lichterspiel. „Ob ich es mir nun einbildete oder nicht: Immer wenn ich meinem Vater davon erzählte, dass ich heute einem kleinen Mädchen ein Schuhwerk zurückgelassen hatte, dann regneten Sternschnuppen vom Himmel." So auch am 29. April 1995. Der Geschäftsmann Henry Wanyoike freut sich auf den kommenden Tag. Die Verwandten haben eingeladen. Ein großes Familienfest, viel Porridge, gute Tees mit Milch und Zucker, jede Menge Klatsch und Tratsch. Für Henry ein wunderschöner Termin, denn der Nachfahre des tapferen Kriegers gilt etwas im gesellschaftlichen Leben des großen Clans. Gute Schulausbildung, ein Beau, ein junger Mann, drogenfrei, mit der Geschwindigkeit einer Antilope und der Geschmeidigkeit einer Gazelle ausgestattet, zählt er zur Bereicherung eines jeden Festes. Henry kommt gern, kann er doch allen erzählen, wie er am Ende der bevorstehenden Arbeitslosigkeit getrotzt habe.

Drei Stunden Weg. Gladis, Beatrice und Henry sind unterwegs, nur die Kuh bleibt zu Hause. Doch Henry, pflichtbewusst und kuhverliebt wie er nun einmal ist, bittet einen Freund, nach ihr zu sehen – und vor allem sie zu melken, sollte man bis 19 Uhr nicht wieder zurück sein. Bei den Verwandten warten bereits die Gäste auf Henrys Familie – vor allem auf Henry. Cousine Liz ist auffällig von ihm angetan, aber der 21-Jährige scherzt lieber mit seinen Onkeln und Tanten, mit irgendwelchen Neffen und anderen Anwesenden. „Wir hatten einen ganzen Tag lang viel Spaß; und wie immer bei solchen Treffen gab es ausgezeichnetes Essen. Allein schon deshalb lohnte sich der dreistündige Fußmarsch." Die Leute wollen von Henry viel über seinen neuen Beruf wissen. Und er erzählt, erwähnt auch, dass nicht immer alles so gut läuft, berichtet natürlich über seine sportlichen Erfolge und die ausgezeichneten Resultate als Maulwurfjäger. Beides bringt ihm viel Schulterklopfen ein, und einer seiner Onkel meint, dass der tapfere Großvater Wanyoike durchaus stolz sein könne auf seinen Enkel, der offensichtlich auch ein großartiger Jäger geworden sei.

Die übliche Unruhe gegen 19 Uhr – die Kuh müsste spätestens jetzt gefüttert werden; Henry vertritt sich draußen die Beine und schickt ein Stoßgebet gen Himmel. Kurz danach trennt sich die Gesellschaft, und Mutter, Tochter und Sohn machen sich auf den Heimweg: „Wir lachten viel. Und ich war nervös, weil ich darüber nachdachte, ob es unserer Kuh vielleicht schlecht geht, ob sie gefüttert und gemolken worden ist." Eine berechtigte Befürchtung, wie sich später herausstellen sollte.

Doch zunächst verfliegen alle Sorgen, weil es die drei so lustig auf dem Weg zurück zu ihrem Haus in Gitaru haben. Natürlich geht man querfeldein, und weil ein Wanyoike immer im Dienst ist, späht Henry, so gut es geht, in der Dunkelheit nach Maulwürfen. Henrys Augen funktionieren auch bei Nacht besser als es den possierlich wirkenden Tieren lieb ist. Aber heute wird es nichts mit dem Nebenverdienst. Henry, ein wenig enttäuscht, ruft schon von Weitem nach der Kuh.

Muh klagt in einer besorgniserregenden Tonlage ins Dunkle hinaus. Henry nimmt Fahrt auf, sprintet bei mondklarer Nacht übers Feld in Richtung Stall – und wäre beinahe mit einem hübschen Mädchen zusammengestoßen. Eine Schülerin seiner Mutter sitzt vor der Tür. Es ist Sonntag, und die Elevin ist zu früh von Freunden zurückgekehrt. Die Eltern sind nicht da, die Lehrerin wohnt in der Nachbarschaft, da liegt es nahe, dort um Quartier zu bitten. „Henry, mach Tee!", ordnet die Mutter an, aber Henry hört nicht, eilt in den Stall, beruhigt die Kuh und läuft sich für den Kriegstanz warm. Der Nachbar hat Muh nicht gefüttert und mit prall gefülltem Euter zurückgelassen. Henry melkt und füttert das Tier erst einmal – mit seinem Freund hat er morgen ein Hühnchen zu rupfen. Nachdem er die Kuh beruhigt hat, geht Henry ins Haus und freut sich über die Besucherin, mit der er noch bis nach Mitternacht vergnügt plaudert und Tee trinkt. Es ist kurz nach Mitternacht, als sich Henry streckt und reckt, ein wenig gähnt. Die Mutter rollt mit den Augen, und ihr Sohn versteht. Er entschuldigt sich für das ungebührliche Verhalten und verabschiedet sich in Richtung Bett: „Bis morgen, ihr Lieben, möge Gott uns eine ruhige Nacht schenken", bittet Henry und legt sich in einen kleinen Raum, den er sich mit seiner Schwester teilt.

„Draußen prasselte der Regen auf unser Dach, und ich fühlte mich wohl, so behütet und so warm. Ich dankte Papa und Gott für den schönen Tag und freute mich auf den kommenden Morgen, denn der sollte mich nach Nairobi führen, um Kerosin zu kaufen. Ein Auftrag von Mutter – und Aufträge von Mutter müssen schnell ausgeführt werden." Zufrieden zieht sich Henry die Decke über den Kopf und macht das Licht aus: „Die matte Glühbirne flackerte noch ein wenig nach", erinnert er sich. Bevor er wenig später einschläft, denkt er noch an den Nachbarsjungen, den er am nächsten Tag abstrafen will.

Draußen lachen Mutter, Schwester und die Schülerin – und Henry schlummert einem neuen Tag entgegen. Einkaufen in Nairobi ist immer spannend, ein Besuch auf dem Markt, das Obst in den bunten Farben, sich noch ein paar Sportmagazine ansehen, dann das Kerosin zurückbringen, nachmittags ins Schuhgeschäft und abends wieder rechtzeitig zu Hause sein, damit die Kuh gemolken werden kann. „Ich schlief glücklich und zufrieden ein. Es muss gegen halb eins gewesen sein."

3. Sturz in die Dunkelheit

Wenn in Kenia die Sonne voller Kraft am Himmel erscheint, liegt auf dem Grün der Wiesen und der Tabakpflanzen in den Bergen noch Tau. Die Hühner schieben sich auf der Suche nach den besten Körnern gegenseitig aus dem Weg, und auf der Straße vor dem Haus transportieren kräftige Frauen mächtige Ballen auf dem Kopf, so groß, dass manch ein Autoverleiher sich weigern würde, diese Fracht auf einen Klein-LKW zu laden. Gladis holt Gemüse aus dem Garten und grüßt die auf ihrem Weg zu einem der Märkte rasch vorbeiziehenden Frauen. Die Kuh muht, und der Hahn kräht dazu. Wenig später herrscht ein reges Treiben im Haus. Gladis arbeitet in der Küche, kocht Tee und bereitet einen kräftigen Porridge zu. Beim Obstschälen schüttelt sie den Kopf: Henry schläft noch immer, dabei sollte er schon längst auf dem Weg nach Nairobi sein. Aber eigentlich ist es noch zu früh, um sauer zu werden. Außerdem, der Junge hat sich gut entwickelt. Man kann sich mit ihm sehen lassen und stolz auf ihn sein.

Das hätte sie nicht gedacht, damals, als die Lehrer auftauchten, um sich über ihren Sohn zu beschweren. Oder als die Gartenbesitzer Geld von ihr verlangten, als Ausgleich für den Blumenhunger der kleinen Ziegenarmee. – Aber heute scheint Henry gar nicht aufstehen zu wollen! „Jetzt noch schlafen! Na warte! Dir werde ich helfen!" Die Mutter will ihrem Sohn Beine machen. Doch der rollt sich nur auf seiner Matratze hin und her.

Die längste Nacht

Henry setzt behutsam an, im Kreis seiner Freunde über die schlimmste aller Nächte zu erzählen. „Ich wusste nicht was los war, als eine Stimme laut meinen Namen rief. Ich glaubte, Mutter zu hören, war mir aber nicht sicher. Ich merkte nur, dass irgendetwas nicht stimmte. Im Schlaf hatte ich von Kopfschmerzen geträumt und ein paar Blitze zucken sehen. Ich fasste mir an den Kopf, der schmerzte, und war völlig verunsichert, so, wie ich es noch nie gewesen war. Doch, einmal schon, als ich am Grab meines Vaters stand, weil ich nicht verstehen konnte, was sein Tod bedeutete. Ich fühlte eine bleierne Müdigkeit im Körper, mein Kopf war so schwer, als hätte ich einen Helm auf. Ich hörte sehr schlecht, und als ich die Augen öffnete, war es noch dunkel. Ich wunderte mich über meine Mutter: Was soll das? Wieso steht sie mitten in der Nacht auf und schreit herum? – Aber dann war es wieder ruhig. Ich glaubte, es müsse etwa drei Uhr nachts sein."

Henry ist sich sicher, dass die bleierne Mattigkeit und der Kopfschmerz nach ein paar Stunden Schlaf verschwunden sein werden. Da ertönt von draußen ein lautes Muhen!

„Ich hatte die Augen wieder geschlossen, als ich die Kuh hörte. Wieso brüllt die mitten in der Nacht?, schoss es mir durch den Kopf. Das tut sie doch nur, wenn Fremde auf dem Gelände sind! Vielleicht ist Mutter deshalb so aufgeregt." Sekunden später kräht der Hahn, und die Hühner gackern munter um die Wette. Vor der Tür fällt die Mutter mit durchdringender Stimme ins Konzert ein: „Henry, du fauler Hund, steh' sofort auf, sonst ..."

Wie ein bleierner Mantel legt sich die Angst um ihn. Er kennt sich nicht mehr aus: Was ist denn bloß los?

Noch lange wird er nicht begreifen, welches Drama in seinem Leben nun begonnen hat. Wir, die Chronisten, haben die Dunkelheit abgewartet, bevor wir näher auf das Unbegreifliche

*Training im Tee – mit Führungsläufer Benjamin
in den Teefeldern bei Kikuyu*

dieser einen Nacht eingehen. Henry spürt diese Dunkelheit, die in Windeseile das Restlicht des Tages schluckt, und langsam und akribisch taucht er in seine Vergangenheit ein und durchlebt die schicksalhafte Nacht zum 1. Mai 1995 noch einmal. Dieses Ereignis, ohne das wir uns nicht hier gemeinsam in der Wildnis befänden. Wir verfolgen gedanklich und gespannt den langen Lauf eines Mannes aus der Dunkelheit ins Licht.

Um das Lagerfeuer im Trainingscamp sitzen kenianische Spitzensportler, bekleidet mit „Licht für die Welt"-Shirts, die wir aus Österreich mitgebracht haben. „Licht für die Welt" ist der Name einer Organisation aus Wien, die sich weltweit für blinde und behinderte Menschen einsetzt, besonders in Afrika. Henry Wanyoike arbeitet mit ihr zusammen, läuft im Namen dieser Organisation, die ihm wiederum Unterstützung zukommen lässt. Viele der Anwesenden kennen die Geschichte von Henrys längster Nacht bereits. Sie nicken bedeutungsschwanger mit dem Kopf, als Henry in die Stille zu sprechen beginnt, nur vom Knistern des Lagerfeuers unterbrochen: „In dieser Nacht führte mich Gott in ein tiefes, dunkles Tal, damit ich von dort aus meinen langen Lauf ins Licht starte."

Von all dem weiß der junge Wanyoike an jenem schrecklichen Morgen vor neun Jahren natürlich noch nichts, als er verwirrt und verängstigt auf seinem Bett liegt. Noch immer ist es dunkel, und Henry vermutet, es gebe einen Stromausfall und dass noch tiefe Nacht sein müsse. Doch es gackern ja die Hühner! „Langsam durchdrang es mein Bewusstsein, dass etwas Schlimmes passiert sein musste." Von draußen ertönt wieder Gladis' Stimme: „Henry, du Nichtsnutz, raus aus dem Bett! Zack, zack!" Drinnen nimmt Henry seinen ganzen Mut zusammen; er will Klarheit: „Jetzt sag endlich, was mit dir los ist? Bist du krank? Kann ich dir helfen? Was machst du bloß nachts für ein Theater!"

Bei einer Tasse Tee im Wohnzimmer sitzend sagt Gladis heute: „Ich dachte natürlich, der Junge will mich ärgern. Dass er eine dumme Ausrede sucht, um weiterschlafen zu können. Seine Schwester hatte sich schon längst auf den Schulweg gemacht, und Henry kannte seine Pflichten. Aber nein, dachte ich, mein feiner Herr Sohn hat mal wieder seinen eigenen Kopf!"

Temperamentvoll macht Gladis ihrem Herzen Luft. Drinnen kämpft Henry gegen seine Kopfschmerzen – und gegen die wachsende Angst: „Warum ist es um mich herum dunkel, wenn draußen offenbar Tagesbetrieb herrscht?" Denn jetzt trägt der Wind auch Kochgerüche aus der Nachbarküche herüber. Für Henry passt das alles nicht zusammen. Er zwingt sich zum Nachdenken und legt sich wieder ins Bett. Ruhe findet er freilich nicht.

Als Henry seine Erzählung fortsetzt, sehen wir im flackernden Schein des von ihm entfachten Feuers, wie sehr die Schilderung jener Nacht seine Zuhörer berührt. Hier und heute sitzen sie mit einem ihrer Brüder beieinander. Sie fühlen mit ihm und wollen für ihn einstehen. Jeder von ihnen empfindet es so, als hätte man sich zu einem Geheimbund zusammengefügt: Alle für Henry!

„Ich wusste nicht mehr weiter: Die Kuh brüllte, Mutter brüllte, und ich dachte, dass Mama langsam durchdreht. Ich konnte noch immer nichts sehen. Ich spürte, wie die Angst mir den Hals zuschnürte. Ich schlug mir mit der flachen Hand mehrere Male gegen die Stirn. ‚Henry, Augen auf, aufstehen!' Ergebnislos. Was blieb, war die Dunkelheit."

Und erst jetzt, in seiner grenzenlosen Angst, wagt Henry seine Verzweiflung herauszuschreien: „Mutter, wie kann ich dir helfen? Ich weiß auch nicht, was los ist, ich kann nichts sehen." Gladis hört gar nicht richtig hin, denn für sie steht fest, dass Henry wieder einen seiner Scherze mit ihr treibt. So ist sie von Henrys Worten nicht beeindruckt: „Ich kannte doch meinen Henry, der immer und in jeder Lebenslage darauf aus war, seine Späße zu machen. Und dass er jetzt auch noch eine Krankheit vortäuschen wollte, fand ich unglaublich. Denn bei uns in Kenia gibt es so viele blinde Menschen. Wir haben nur wenige Augenärzte, und die Kinder armer Familien erblinden häufiger, weil sie zu wenig Vitamine bekommen. Gleich bei uns um die Ecke lebte ein blinder junger Mann, der mit Henry befreundet war. Deshalb ärgerte ich mich an jenem Morgen sehr. Ich konnte doch nicht wissen ..."

Verzweifelt liegt Henry auf seinem Bett, als die Mutter ins Zimmer stürmt. Er macht gar keine Anstalten, ihr zu entwischen. Wie denn auch? Gladis greift in seine Haare. „Sie hat mich durchgeschüttelt und am Ohr gerissen. Dann ist sie davongerauscht." Henry bleibt in tiefer Ratlosigkeit zurück:

Draußen lärmt die Kuh, seine Mutter ist verrückt geworden, die Schwester gerade außer Haus, und er selbst schwer angeschlagen. Henry fasst einen Entschluss: Er will der Gefahr entgegengehen.

Wanyoike erhebt sich aus dem Bett. Nur schnell nach draußen, ans Licht! Luft holen, atmen! Weg vom Geschrei – und Hilfe heranschaffen! „Irgendwas ist mit mir. Aber was? Warum brüllt die Kuh, warum gackern die Hühner? Die Nachbarn sind auch wach – und ich sehe nichts!" Sein Kopf dröhnt, der Magen drückt. Henry wird übel, ihn überfällt ein Schwindelgefühl. Anzeichen für eine Panikattacke. Er steht, taumelt, pendelt im Zimmer hin und her; er stößt gegen den Tisch, polternd fällt ein Stuhl um, vom Tisch fliegt ein Wasserglas und zerbricht. Henry tritt in die Scherben auf dem Fußboden. Den Schmerz fühlt er nicht, er spürt nur noch die Angst.

Draußen hört die Mutter das Gepolter und das Klirren des Glases. Sie startet erneut eine Attacke, stürmt ins Zimmer und brüllt Henry nieder. Das Geschrei fährt ihm in die Glieder und raubt ihm jeglichen Mut. „Ich war verzweifelt, weil ich nichts tun konnte. Meine Mutter tobte, und mir ging es schlecht. Dann warf sie Geld ins Zimmer und sagte, ich solle mich jetzt schleunigst nach Nairobi aufmachen, sonst würde ich sie von einer ganz anderen Seite kennen lernen. Dann knallte sie die Tür zu, lief aus dem Haus, und zum Abschied rief sie nur: ‚Wenn ich wiederkomme, dann bist du mit dem Kerosin da!' Ich wollte noch erwidern: ‚Aber Mutter, warum willst du mitten in der Nacht weggehen? Bleib doch hier, wenn es dir nicht gut geht!' Aber da war sie schon weg."

Stille. Henry hört das Pochen in seinem Kopf, ganz so, als schlage jemand im schnellen Rhythmus mit einem riesigen Hammer gegen einen Gong. Hin und wieder dringt leise das Muhen der Kuh durch den Raum. Henry atmet durch. Er ruft nach Beatrice, doch der Ruf verhallt unbeantwortet. Henry schwinden die Sinne, benebelt tastet er sich in Richtung Bett.

Wieder rennt er gegen einen Tisch, tritt in die Scherben und legt sich mit blutigen Füßen auf sein weißes Bettuch. Dann fällt er in eine Art komatösen Schlaf ohne Erinnerung.

Einige Stunden später kommt die Mutter aus der Schule zurück. Der Vorhang versperrt den Blick in Henrys Zimmer. Seine Schuhe stehen ungeputzt vor der Haustür. Es ist still. Die Mutter holt sich Wasser und geht durchs Haus. Als sie Henry im Halbdunkel des Raumes liegen sieht, schreit sie auf. Sie sieht das Blut an seinen Füßen. Ihr Schrei reißt Henry aus seinem tiefen Schlaf. Lange braucht er, ehe er aus dem Dunkel seiner Sinne erwacht. Die Finsternis vor seinen Augen aber bleibt. Er hört seine Mutter, doch er kann sie nicht sehen. Als sie wieder anfängt, ihn zu bearbeiten, unterbricht er: „Bitte, sei ruhig, ich kann nichts sehen. Verstehst du, ich sehe nichts!"

Gladis verstummt. Dann reißt sie den Vorhang herunter, und blitzschnell ist der Raum taghell. Die Mutter erblickt die Scherben, Blut auf dem Boden und auf dem Bettlaken. Allmählich wird ihr die Dimension einer Tragödie klar. „Mama, ich sehe nichts mehr." Gladis geht auf Henry zu, streicht über seinen Kopf. Dann hebt sie ihn und macht mit der rechten Hand eine Scheibenwischerbewegung vor seinen Augen. Keine Reaktion der Pupillen, kein Schließen der Augen. Jetzt steigt Panik in ihr auf. Wieder erhebt sie die Stimme, doch diesmal aus Sorge um ihr Kind: „Henry, was ist nur los?"

So schnell wie möglich machen sich die beiden auf und fahren mit dem öffentlichen Kleinbus in das General Hospital von Kikuyu. Henry erinnert sich: „Es roch nach frischem Gras, als wir aus dem Haus waren. Ich hörte unsere Kuh, und voller Verzweiflung fragte ich mich, warum ich die Sonne nicht sehen kann, wenn ich die Strahlen doch auf der Haut spüre?"

Die Fahrt ins Krankenhaus ist furchtbar. Vielleicht nicht so sehr für Henry, denn inzwischen wirkt er wie gelähmt. Die Angst hat ihm die Luft aus dem Körper gedrückt. Dass die

Mutter nicht verrückt geworden war und sich jetzt um ihn kümmerte, gab ihm in all dem Chaos, in dem sich seine Seele befand, ein wenig Zuversicht.

Im Krankenhaus angekommen, erleidet Gladis einen Zusammenbruch. „Plötzlich begann sie, furchtbar zu weinen, sie schrie und ließ sich in meine Arme fallen. ‚Nein, nein, nein!', stieß sie hervor, und als die Ärzte uns wenig Hoffnung machten, weinte sie umso mehr. ‚Sie müssen jetzt beide stark sein', sagte man uns, ‚wir machen weitere Untersuchungen, aber es könnte sein, dass Henry blind bleibt.' Da hätte der Arzt uns auch eröffnen können, dass ich morgen tot sein werde. Es kam so unvermittelt ... Aber vielleicht, weil es so unvermittelt kam und weil die Mutter so schrie, ließ ich zum ersten Mal den Gedanken an mich herantreten: Und was ist, wenn ich wirklich blind bin?"

Jetzt kommt Bewegung in die Sportlerriege, die sich an unserem Lagerfeuer versammelt hat. Im Schein der flackernden Flammen werden Spuren von Feuchtigkeit um die Augenpartien der Männer deutlich, zwei von ihnen laufen gar Tränen über die Wangen. Pius, Henrys engagierter Trainer, Freund und Lebensberater, steht auf und streicht seinem Schützling über die Schulter. Eine Geste voll Vertrautheit und Verständnis, ein Zeichen, das Mut macht. Ein paar Athleten kennen Henrys Lebensgeschichte noch nicht, sie hocken stumm und traurig in einer Ecke und genehmigen sich einen Schluck Rotwein. Wir alle sind jetzt Henrys Gefährten auf seiner berührenden Reise in die Vergangenheit.

Der dunkle Dämon

„Im Krankenhaus untersuchten sie mich weiter. Mutter weinte immerzu, und ich setzte mich mit einer möglichen Blindheit auseinander. Aber was heißt ‚auseinandersetzen'? Panikbilder zogen in meinem Innern herauf. Eine Geschichte, die ich erst kurz zuvor erlebt hatte, kam mir wieder in den Sinn: Ich hatte gesehen, wie einige Halbstarke in Nairobi einen Blinden quälten. Sie beleidigten ihn und bespritzten ihn mit Bier. Dann stießen sie ihn von hinten, so dass er hinfiel. Sie traten ihm seinen Stock weg, den langen weißen Stab. Da ging er in die Knie, aber sie kannten kein Erbarmen. Mit einigen Freunden lief ich hin, und wir halfen dem armen Mann. Leider konnte ich keinen der Kerle mehr in die Finger kriegen. Ich hätte sie sicher eingeholt, aber wir wollten uns zuerst um den Mann kümmern.

In der Klinik dachte ich: ‚Stell dir vor, das passiert dir, stell dir vor, die Leute quälen und erniedrigen dich! Oder es geht dir wie der alten Frau, die von der Polizei verprügelt wurde, weil sie gebettelt hatte. Sie hockte doch nur in der Innenstadt und wollte Geld für ein wenig Brot. Früher hatte ich ihr schon etwas zugesteckt oder ein paar Kartoffeln abgekauft. Sie hatte mir über die Hand gestrichen, und ich spürte, dass sie gar nicht anders konnte, als hier zu hocken und um ihr Leben zu betteln. Ich merkte, dass sie sich dafür schämte, aber sie konnte doch nicht einfach verhungern. Und dann kamen zwei Polizisten und sagten, sie solle verschwinden, Betteln sei verboten. Die alte Frau flehte sie an, ob sie nicht noch eine halbe Stunde stehen bleiben dürfe, dann könne sie sich bestimmt ein Brot kaufen. Die beiden Polizisten lachten nur und gaben ihr eine Minute zum Verschwinden. Weil sie aber blind war, konnte die alte Frau ihre Sachen nicht so schnell zusammenraffen. Ein Polizist trat ihr auch noch die Mütze weg, mit der sie bettelte. Und als sie nach einer Minute nicht verschwunden war, schlugen sie die Frau. Sie schrie und wollte weglaufen, die Polizisten aber droschen lachend weiter auf sie ein. Als ich eingreifen wollte, zerrten mich meine Freunde ins Auto und brüllten: ‚Bist du lebensmüde!‘ Ich weiß nicht, was aus der Frau geworden ist, ich weiß nur, dass sie zusammenbrach und die Polizisten weiter auf sie einprügelten.

Ich stellte mir vor, wie mich die Jugendlichen stellen würden, wie sie mich niedertreten und mir das Geld klauen, wie sie mich mit Bier beschütten würden, wenn ich wehrlos am Boden liege. In meiner Phantasie hörte ich mich verzweifelt um Hilfe schreien. Doch niemand kümmerte sich um mich, den blinden Mann am Boden. Die Leute gingen gleichgültig weiter."

Henry fürchtet sich vor dem dunklen Dämon der Blindheit, der jetzt heftig an seinen Kopf klopft. Und Henry spürt, wie er sich langsam in seinen Schädel frisst. Er weiß genau, wie schwer das Leben eines Blinden in Afrika sein kann, wie sehr Blinde gedemütigt werden und in ein Abhängigkeitsverhältnis geraten. Wer blind ist, lebt nicht lange. Und wenn ein Mitglied einer Familie erblindet, wirkt sich das auf den ganzen Clan aus. So die einhellige Meinung in Afrika.

Dies ist wohl auch der Grund der Hysterie, die Gladis im Krankenhaus befällt. Sie weiß nur zu gut, dass ihr Vorwürfe nicht erspart bleiben werden. Mit Henrys Erblindung sieht sich der gesamte Clan gefährdet. Es werden Fragen auf sie zukommen: Ist das Erbgut angegriffen? Wie sehr schwächt Henrys Krankheit die Verwandtschaft als Ganzes? Onkel, Tante und Großeltern werden sich Sorgen um den Fortbestand der Familie machen. Denn Krankheiten wie Erblindung oder Lepra wirken tief hinein in die gesellschaftlichen Strukturen eines Clans. Jedes Mitglied könnte betroffen sein. Das soziale Ansehen gerät aus den Fugen, weil die Afrikaner Erblindung, wie Behinderung überhaupt, als Strafe Gottes ansehen. Mit der Folge, dass sich die Angehörigen eines Betroffenen allesamt stigmatisiert fühlen.

All das geht Gladis nun durch den Kopf. Die Angst um Henry und die Furcht vor dem Gerede schnüren ihr die Kehle zu. In immer wieder aufkeimender Panik schreit sie ihre Beklemmung heraus: „Gott, warum lässt du zu, dass mein Sohn nicht mehr sehen kann!" Die Mutter nimmt Henry in den Arm und küsst sein Gesicht. „Henry, mein lieber Henry!"

Wie viel Unrecht sie ihm doch getan hat, als sie ihn anschrie, weil sie dachte, dass er sie ärgern wollte und aus Faulheit nicht aufgestanden war. Doch Henry nimmt seine Umwelt kaum noch wahr. Die paar Wortfetzen, die zu ihm durchdringen, handeln von Blindheit und einer Entzündung der Nerven. In seinem Bewusstsein tauchen immer wieder die Bilder von den Jugendlichen auf, die den Blinden quälen. Bis heute sind sie fest in Henrys Gedächtnis eingebrannt.

In sich gekehrt und flüsternd sitzt er da. Zum Schreien ist er in diesen Minuten in der Notfallaufnahme der Augenabteilung viel zu schwach. „Warum denn ich? Ich bin doch der Älteste, ich bin der Mann. Warum bin ich es, der nicht mehr sehen soll? Mungo niseiendie: Gott, hilf mir!" Henry erinnert sich noch an sein Hadern und Flehen. Dann reißt das Gedächtnis ab. Wochenlang steht er unter Schock.

„Der Monat danach ist aus meinem Gedächtnis völlig ausgelöscht. Nach und nach musste ich herausfinden, was passiert war. Meine Mutter, meine Freunde und die Ärzte haben mir genau erzählt, wie ich mich verhalten habe. Ich selbst kann mich an nichts mehr erinnern, und ich bin entsetzt und erstaunt, wenn ich daran denke, was ich damals alles angestellt habe. Der Schock lähmte meine Gedanken und meinen Körper."

Die Ärzte verabreichen dem blinden Wanyoike mehrere Spritzen gegen die Verkrampfungen in seinem Körper. Er bekommt Tabletten mit auf den Heimweg. „Warten wir die nächsten Tage ab – wir wissen noch nicht genau, was passiert ist, aber viel Mut können wir Ihnen nicht machen." Henry hört das schon nicht mehr. Er ist in seine eigene Welt entrückt. Sein Reich der Dunkelheit kennt in dieser Zeit keine Hoffnung mehr. Er torkelt aus der Klinik, seine Beine können oder wollen nicht.

Ein wenig erinnert die Situation vom 1. Mai 1995 an das, was sich in Sydney ereignen sollte. Henry läuft über den roten

Boden, links und rechts säumen Eichen die Allee vor dem General Hospital, eine riesige Kirche mit einem wunderschönen Park liegt gegenüber. Henry kann all das nicht mehr sehen. Ein Gärtner schaut ratlos zu, wie der junge Mann die Orientierung verliert. – So wie fünfeinhalb Jahre später sein Führungsläufer John. – Henry weiß nicht, wohin ihn seine Füße tragen. – So, wie er später in Sydney anfangs nicht wissen wird, in welche Richtung er John führen soll. – Die Mutter kann ihren Sohn nicht einholen.

Henry läuft auf den Zaun vor der Kirche zu, schnell, wenn auch in Schlangenlinien. Er schreit, er weiß nicht mehr Bescheid – für Sekunden taucht er aus seiner Apathie auf. Er rennt in den Zaun hinein und bricht zusammen. Auf dem Boden liegend schreit er unausgesetzt weiter. Erschrocken stellt ihn seine Mutter auf die Füße. Wanyoike schreit im Schock. Wie ein verletzter Krieger brüllt er seine Klage, presst er Trauer und Wut heraus. Sein Schmerz und sein Entsetzen sind so groß, dass er es nicht begreifen kann.

Für Gladis stürzt an diesem Tag die Welt zusammen. Schluchzend versucht sie, ihrem Sohn zu helfen. Die Schreie locken den Pfarrer aus der Kirche, und aus der Klinik laufen Ärzte und Helfer herbei. Sie versuchen, die Mutter zu beruhigen. Henry hat aufgehört zu schreien. Er ist in seine eigene Welt abgetaucht, zu der kein anderer Zugang hat. In diesem Moment ahnt noch niemand, dass die Suche nach einem Schlüssel, der Henrys Welt wieder öffnen kann, Monate dauern wird.

Zunächst einmal gibt eine Krankenschwester auch Gladis eine Beruhigungsspritze. So schafft die Mutter es, die nächsten Stunden zu überstehen. Ein Klinikportier telefoniert und ruft ein Taxi. Henry, der noch nie Taxi gefahren ist, lässt sich ins Auto tragen. Er sagt nichts, schweigt die ganze Fahrt.

Eine halbe Stunde später ist in der Gegend um das Grundstück der Wanyoikes eine Menge los. Kinder rufen: „Ein Taxi fährt durch unser Viertel, was macht ein Taxi bei uns?" Die

Menschen strömen vor Wanyoikes Haus zusammen. Henry kommt heim. „Was ist da passiert?" Der junge Mann sitzt apathisch im Wagen und weigert sich, auszusteigen. Die Mutter weint mittlerweile kraftlos. Sie bittet: „Henry, steig doch aus." Aber Henry will nicht. Er drückt sich immer weiter in die Ecke des Wagens, als wäre er ein verängstigter Hase, der aus dem Käfig geholt werden soll. Oder ein Maulwurf, der im eigenen Tunnelsystem in die Enge getrieben worden ist.

Die Kikuyu bilden eine Menschentraube um den Wagen. Henry bleibt im Taxi, und ob es Zufall ist oder nicht – erst als seine Kuh brüllt, reagiert Henry wieder auf seine Umwelt und lässt sich von der Mutter und einem Nachbarn aus dem Wagen ziehen. Die Leute tuscheln, viele wollen Henry anfassen, einige um ihm Trost zuzusprechen, andere um ihm Hilfe anzubieten. Den Menschen aus der unmittelbaren Umgebung der Familie geht das Drama nahe. Einige weinen. Plötzlich rastet

Henry hat eine Schule in den Slums gebaut

Henry aus: „Verschwindet, ihr seid böse, haut ab! Ich will euch nicht sehen!"

Wieder beginnt er zu schreien, drückt den Körper nach vorn, als stemme er sich gegen einen Orkan, als wolle er gleich mit dem Kopf durch die Wand laufen. Henrys Seele tut so weh wie nie! Er will an diesem Tag nur eines: sterben!

Die Mutter führt ihren Sohn ins Haus und legt ihn aufs Sofa.

Gefangen in der eigenen Welt

Heute, fast auf den Tag genau neun Jahre später, sitzen wir auf eben diesem Sofa und hören aus Gladis' Mund die Passagen der Geschichte, die der Schock wohl für immer aus Henrys Gehirn gelöscht hat. Gladis erinnert sich an jede Einzelheit. „Henry lag dort, wo ihr jetzt sitzt. Er schrie zunächst – dann war er still. Er weigerte sich, mit mir zu reden. Manchmal konnte ich ihn beten hören, leise zwar, aber sehr eindringlich. Ich selbst war zu nichts in der Lage. Draußen standen noch immer Freunde und Verwandte, denen ich zu erzählen versuchte, was passiert war. – Aber eben das wusste niemand so genau. Viele Freunde versicherten uns, sie würden uns nie alleine lassen. Und viele haben sich bis heute daran gehalten. Ein paar kamen mit ins Haus, um Henry zu bewachen und mich zu entlasten. Am darauffolgenden Tag wollten wir eine weitere Klinik besuchen, um exaktere Untersuchungen machen zu lassen.

Henry lag apathisch auf dem Sofa. Manchmal wimmerte er, nahm aber niemanden wahr. Ich war schrecklich traurig, weil ich meinen Sohn morgens doch so angeschrien und angegriffen hatte. Ja, ich fühlte mich schuldig. Freunde redeten auf Henry ein. Alles werde gut."

Aber Henry reagiert nicht. Reglos liegt er da. Er scheint nichts mehr hören. Henry hat sich in eine Welt zurückgezogen, in der es keine Emotionen gibt. Die Dunkelheit, die über ihn gekommen ist, hat auch seine Seele ergriffen. Alle paar Minuten geht seine Mutter zu ihm, fühlt ihm den Puls, horcht an seinem Herzen, prüft, ob überhaupt noch Leben in ihrem Sohn steckt. „Ich war mir überhaupt nicht sicher, ob mein kleiner Krieger diesen Tag überstehen würde. Und über viele Jahre glaubte ich, dass Henry in dieser schlimmsten aller Nächte und am Tag danach ein Stück gestorben ist."

Die Mutter setzt all ihre Hoffnung auf den kommenden Tag. „Vielleicht haben wir das alles nur geträumt? Henry liegt gar nicht wie scheintot auf der Couch. In Wirklichkeit verkauft er längst Schuhe. Und nachdem er brav das Kerosin in Nairobi besorgt hat, kann ich endlich wieder kochen. Henry wird genüsslich einen Liter Milch trinken und sich vors Radio setzen oder ein Sportbuch lesen."

Henry aber liest weder Bücher noch melkt er die Kuh. Er schweigt. Sein Herz schlägt, seine Augen bleiben geöffnet und starren ins Leere. Das geht die ganze Nacht so. Selbst die Rufe der Kuh, die Henry sonst so elektrisieren, bleiben ohne Wirkung. Die Freunde sitzen um ihn herum und verstehen die Welt nicht mehr. Bis zum Morgengrauen, bis die Mutter sie traurig nach Hause schickt, harren sie aus. Gladis will mit Henry so schnell wie möglich in ein Krankenhaus nach Nairobi. Dort könnte eine Computertomographie Aufschluss über seinen Sehverlust geben.

Der Vater des Nachbarjungen fährt beide mit seinem Peugeot in die Klinik. An der Straße stehen Henrys Freunde und rufen nach ihm. Mit durchdrehenden Reifen kämpft sich der Wagen den Berg am Haus der Wanyoikes hoch. Langsam verschwindet er im Staub der Straße aus dem Blickfeld von Henrys Freunden. Gladis weiß bis heute nicht, ob ihr Sohn die aufmunternden Schreie an jenem Tag überhaupt wahrgenommen hat. „Henry saß hinten, sein Kopf wackelte bei jedem Schlagloch hin und her. Dieser sonst so fröhliche Junge, der immer und jedem eine Menge zu erzählen hatte, schwieg, und es schien, als sei jegliches Leben aus ihm entwichen."

Die Ärzte in der großen Klinik geben sich professionell: „Ihr Sohn ist über Nacht erblindet? Da wollen wir mal feststellen, ob er einen Hirnschaden erlitten hat." Zu diesem Zweck führt eine Schwester beide in ein Zimmer, in dem sich ein Gerät befindet, wie sie es noch nie gesehen haben. Es gleicht einer Kanone, daneben ein Computer, über dessen Bildschirm verschiedene Kurven flimmern. „Ziehen Sie sich aus – und dann geht's da hinein", deutet die Schwester auf das Rohr. Freilich kann Henry nicht sehen, wohinein er krabbeln soll, und die Aufforderung nimmt er nicht wahr. Ohne Widerstand lässt er sich von seiner Mutter ausziehen und zu dem Rohr dirigieren, das sich öffnet und eine Liegefläche zum Vorschein kommen lässt. „Legen Sie Ihren Sohn dort drauf!", weist sie die Schwester an, und die Mutter hilft Henry, sich auszustrecken. Und obwohl Henry sonst auf alles neugierig ist, interessiert er sich jetzt für gar nichts. Die Schwester erklärt Gladis, was dieser Computertomograph alles kann. „Vielleicht finden wir ja was", sagt sie und schiebt Gladis sanft zur Tür hinaus.

Eine Stunde später werten die Ärzte die Bilder aus. Sie können Gladis beruhigen: Henrys Hirn ist in Ordnung. Der Sehnerv hatte sich in kurzer Zeit entzündet und die Sehschädigung hervorgerufen: „Wahrscheinlich wird ihr Sohn blind bleiben", sagen die Ärzte der Mutter.

Die beginnt leise zu weinen, während der junge Mann den Kopf teilnahmslos zur Seite dreht. Was er in diesem Moment denkt oder fühlt, werden wir nie erfahren. Henry setzt sich einfach hin und weigert sich, wieder aufzustehen.

Die Ärzte werten das als Reaktion auf den Schock und bestellen bei der Schwester einen Rollstuhl. Weinend schiebt die Mutter ihren Sohn auf den Hof hinaus. Der Nachbar, der am Auto gewartet hat, erschrickt: „Was ist denn jetzt noch?", fragt er mit ungläubigem Blick. Kopfschüttelnd hebt er Henry aus dem Rollstuhl. Henry schweigt, die Mutter weint.

Zu Hause versammeln sich schnell wieder Dutzende von Leuten. Henrys Freunde haben ausgeharrt, sie erwarten seine Rückkehr. Zunächst einmal wollen sie ihn sehen, drücken und anfassen, und dann wünschen sie sich sehnlichst, dass Henrys verletzte Seele wieder im realen Leben der Kikuyu auftaucht. Um dem Freund eine Freude zu machen, haben sie zusammengelegt und literweise frische Milch herbeigeschafft.

Ein Raunen geht durch die Menge, als Henry und Gladis eintreffen. Und die Mutter muss schluchzen, als sie die Freunde erblickt. Bestürzt sehen die Burschen mit an, wie der Fahrer Henry aus dem Wagen zieht und ins Haus trägt. Die Freunde bilden ein Spalier und formieren sich rund um das Haus. Erneut wollen sie ein Signal setzen: „Henry, wir sind für dich da. Du kannst auf uns bauen." Doch wieder dringen die Signale nicht bis in Henrys Welt vor. Gleich einem Autisten lebt er in einer Welt gefangen, zu der seine Freunde, die Mutter und die Ärzte keine Tür finden. Er ist allein bei sich zu Hause. Dass die Mutter ihn in den kommenden Tagen noch in weitere Krankenhäuser schafft, weiß Henry nur aus Erzählungen. Die Untersuchungen bringen keine neuen Ergebnisse.

„Die Besuche in den Krankenhäusern", berichtet Gladis, „ähnelten sich. Die Ärzte waren ratlos. Was genau mit Henry passiert ist, konnte keiner sagen. Entzündeter Sehnerv, soweit war alles klar. Aber warum und wieso – die exakte Antwort kennen die Spezialisten bis heute nicht. Henry blieb blind. Außerdem weigerte er sich, zu gehen. Und ein Rezept zur Befolgung von Befehlen wie ‚Geh jetzt!' oder ‚Beweg dich!' konnten die Ärzte nicht ausstellen. Wir fuhren nach den Besuchen in den Krankenhäusern genauso ratlos nach Hause, wie wir gekommen waren. Henry war blind und saß im Rollstuhl." Einen Monat lang bekommt Henry nichts davon mit, was mit ihm und um ihn herum passiert. Und auch heute ist ihm jeglicher Weg in sein Innerstes von damals versperrt. Vielleicht ist es auch gut, dass die Erinnerung an die schlimmste Zeit seines Lebens nicht mehr zugänglich ist. Und vermutlich hat es für Henry ein reales Erleben des Monats Mai 1995 gar nicht gegeben.

Nach der schlimmsten aller Nächte kommen in Kikuyu Gerüchte auf. Egal wo Gladis erscheint, immer tuscheln die Leute. Dass Henry verrückt geworden sei, ist eine der Vermutungen. Eine andere lautet: „Gott hat Henry verlassen, weil er nicht mehr an ihn glaubt." Dies verletzt den Clan sehr. Ein weiteres Gerücht, dass nämlich Henry seine gerechte Strafe bekommen habe, weil er drogensüchtig sei und andere mit dem Gift beliefert habe, hätte Henrys Großvater wahrscheinlich auf den Kriegspfad getrieben.

Mit Grausen erinnert sich Gladis heute an die Zeit, als sie allein mit ihrem Sohn in Kikuyu unterwegs war: „Überall tuschelten die Leute und zischten. Wenn wir aber näher kamen, wurde geschwiegen. Von all dem hat Henry in den ersten Wochen nichts wahrgenommen, er lebte in seiner eigenen Welt. In solchen Momenten war ich froh, keinen Schlüssel zu seinem Ich gefunden zu haben. So blieb ihm erspart, Wörter wie Drogen, Crack, Heroin, Cocablätter, oder Dealer aufzuschnappen. Zum Glück trauten sich die Leute nie, derartige Dinge zu erzählen, wenn wir mit Freunden in ihre Nähe kamen. Denn dann wären die Fäuste geflogen. Aber natürlich erhielten wir ständige Lageberichte über all die dummen Sprüche, die kursierten."

Nach allen Diagnosen und Untersuchungen gilt es als sicher, dass Henrys Körper, von der Schädigung des Sehnervs abgesehen, gesund ist. Seine Psyche ist dafür verantwortlich, dass die Beine nicht mehr gehen wollen. Das Fazit der Ärzte: „Die Diagnose ist schlimm. Aber wenn Henry seine entkrampfenden Medikamente nimmt, wird es ihm bald besser gehen. Er wird dann auch seine Beine in Marsch setzen und wieder zu sich kommen." Henry schluckt die Pillen morgens, mittags, abends. Aber seine Beine gehorchen nicht, und Henry bleibt apathisch und teilnahmslos. Das Lächeln ist von seinem Gesicht verschwunden, Gefühlsregungen, auch Schreien oder Hysterie, finden nicht mehr statt. Er redet nichts, reagiert auf keinen Zuruf, nimmt seine Freunde nicht mehr wahr. Und einige bleiben schließlich verärgert aus.

Seine Mutter erinnert sich: „Henry machte immer nur abwehrende Handbewegungen, wenn Kameraden kamen und mit ihm sprachen. Das passierte in den ersten Wochen eher mechanisch, denn Henry ging auf nichts ein. Dabei wussten wir ganz genau, dass er verstehen oder wenigstens hören konnte, was die Freunde ihm sagten. Doch Lob und Mitleid, selbst die Lieder, die sie ihm vorsangen, berührten ihn nicht, jedenfalls nicht in einer Art und Weise, dass wir etwas davon mitbekommen hätten. Problematisch gestaltete sich auch seine Ernährung. Er aß und trank wie in Trance. Ich musste ihm dabei helfen.

Und auch für mich bedeutete das neue Leben eine enorme Umstellung. Ich musste meine Schulstunden reduzieren, und wir waren auf fremde Hilfe und Verwandte angewiesen, um nicht wieder in die Slums ziehen zu müssen. Henrys Freunde brachten Essen und fütterten ihn. Immer wieder zog ich ihm ein neues Shirt an, denn ihm eine Schürze umbinden – das wollte ich ihm nicht antun. Aber all das war besser, als das, was nach dem Ablauf des Mai passierte." Gladis fällt es auch heute noch sichtlich schwer, über das neue Leben ihres behinderten Sohnes zu sprechen.

Schritte aus dem Dunkel

Mit dem Ende der Regenzeit und dem Erstarken der Sonne scheinen die Lebensgeister von Henry neu geweckt zu sein. Gladis erinnert sich: „Es war, als hätte man einen Schalter umgelegt: Eines Morgens wachte ich auf, da hörte ich meinen Sohn im Wohnzimmer leise sprechen. Ich schlich mich hinüber, und erstaunt bekam ich mit, wie Henry mit Gott haderte.

Das klang etwa so: „Oh Herr, warum ich, warum hast du mich mit Blindheit gestraft? Mich – und meine Familie. Ich bin der Mann, ich muss sie ernähren. Aber du schickst mich in die Dunkelheit. Warum machst du es mir und Mama so unendlich schwer? Wir waren doch auf einem so guten Weg. Ich hatte Erfolg in der Schule, einen Beruf, ein kleines Geschäft. Wir haben ein Haus und eine Kuh. Das habe ich dir und Vater erzählt, wenn du Sternschnuppen hast regnen lassen. – Gib mir mein Augenlicht zurück!"

Gladis hält es nicht mehr aus, sie läuft auf Henry zu, drückt ihn, nimmt ihn in den Arm und sagt: „Henry, sei nicht traurig, sei lieber froh und danke Gott, dass du lebst, alles andere schaffen wir schon! Und jetzt bist du mit deinem Geist wieder bei mir. Auch dafür kannst du dem Herrn danken."

Henry verwundern diese Worte. Ihm ist nur klar, dass er nicht sehen kann, und er weiß auch, dass er eines Morgens blind aufwachte und mit seiner Mutter ins Krankenhaus fuhr – aber ansonsten ... „Ich wusste zwar, dass danach irgendetwas passierte, aber was genau?", erinnert sich Henry an den Tag, als er aus dem Dunkel seines Bewusstseins heraustrat. „Es war der 2. Juni. Ich fragte Mutter nach dem Datum, und dann wurde mir klar, dass ich einen Monat irgendwo anders gewesen bin. Aber wo? – Wie ein Detektiv fragte ich meine Mutter über mein Leben aus. Vor allem natürlich darüber, was nun mit mir war. Als ich bemerkte, wie sie herumdruckste, wurde mir deutlich, dass sie mir schlechte Nachrichten überbringen würde. Sie sagte, noch sei nicht alle Hoffnung verloren, immer wieder würden Wunder geschehen. Die Ärzte seien sich noch nicht einig, und die Medizin würde immer wieder neue Techniken hervorbringen. Je mehr meine Mutter redete, desto mehr schwand meine Hoffnung.

Ich weiß noch, wie ich wieder zu schreien begann. Ich brüllte, betete und schimpfte mit Gott. Einige Freunde, die den Lärm gehört hatten, schmiss ich einfach raus. Es hatte sich herumgesprochen, dass ich wieder in der Welt der Kikuyu angekommen war. Wie nach einer längeren Reise. Ich dachte an meinen toten Vater, von dem ich ja auch geglaubt hatte, er wäre nur auf einer Dienstreise. Ich aber war zurückgekehrt. Zwar lebend, aber was war das für ein Leben? Ein Leben in großer Dunkelheit, in entsetzlicher Armut.

Nein, ich wollte kein Mitleid, ich war schon länger als einen Monat blind. Es gab keine Hoffnung, ich wollte nicht mehr leben. Der Tod schien mir ein wahrer Freund. Bei Vater sein, auf die verglühenden Sternschnuppen herabschauen. Mama nicht mehr zur Last fallen, weg von Onkel und Tante und den anderen Verwandten. Ich wollte kein Mitleid. Ich wollte ewige Dunkelheit."

War es das Dunkel seines Unbewussten oder war es sein unbändiger Wille, Henry weiß es bis heute nicht. Jedenfalls verweigern fortan nicht nur die Beine ihren Dienst, sondern auch der Kiefer. Henry lehnt es ab, den Mund zu öffnen. Und so gelingt es trotz guten Zuredens nicht, dem unglücklichen und depressiven jungen Mann Nahrung zuzuführen. Weil Henry sich kaum artikuliert, vermutet die Mutter anfangs, es sei eine Magenverstimmung hinzugekommen. Aber Henry verweigert auch den Porridge! Und in so einem Fall muss der Zustand eines Kikuyu als besorgniserregend angesehen werden.

An die Zeit der Nahrungsverweigerung kann sich Henry gut erinnern. „Warum sollte ich essen, wenn das Leben keinen Sinn mehr ergab? Wenn ich an nichts mehr glaubte und nur noch verzweifelt war? Ob ich bewusst oder ob ich automatisch, wie ferngesteuert, die Nahrungsaufnahme verweigerte? Keine Ahnung! Ich weiß aber, dass meine Mutter immer häufiger Freunde bestellte, und ich kann mich genau erinnern, dass sie nach einiger Zeit weinte, wenn sie mich auf die Waage stellte und die Skala ablas. Ich hörte ihr Schluchzen: ‚Henry, du wirst immer weniger!' Mir war das völlig egal. Zwar nahm ich meine Umwelt wahr und hörte, wenn Freunde auf mich einredeten, aber ich antwortete ihnen nicht.

Manchmal hörte ich Stimmen flüstern. Weil sie auf mich Rücksicht nehmen wollten, redeten die anderen immer ganz leise über mich. Es kam aber auch vor, dass es gar kein Flüstern war, sondern irgendwelche Geräusche im Haus. Immer wieder warf ich ein Glas in Richtung der vermeintlichen Stimmen. So konnte ich prüfen, ob jemand im Haus war oder nicht. Wenn es knallte, und keiner schrie auf, wusste ich: Niemand ist da. Dann war ich sehr zufrieden."

Für die Mutter werden die Wege, die sie mit Henry an Krücken oder im Rollstuhl zurücklegt, beschwerlicher. Und nun bekommt ihr Sohn mit, wenn sich die Leute die Mäuler über ihn zerreißen und lästern: „Da kommt der Wanyoike, schau ihn dir genau an! So endest du auch, wenn du mit Drogen handelst." So hört Henry eine Frau mittleren Alters sagen, worauf eine Kinderstimme antwortet: „Aber Mama, das ist doch Henry, der uns immer Milch nach Hause bringt. Sag' so was nicht über ihn!"

Henry hört genau zu, wenn man über ihn tuschelt, sein Gehör prägt sich intensiv aus. Er merkt genau, dass es viele Leute sind, die Gemeinheiten über ihn verbreiten. So versinkt der junge Mann immer tiefer in Depressionen. Er verweigert weiterhin die Nahrung, und wie sein durchtrainierter Körper zusehends an Muskelmasse verliert, so seine Seele immer mehr an Hoffnung.

Noch heute rührt Gladis die Erinnerung an Henrys körperlichen Verfall zu Tränen. Sie erzählt, wie sie die lebensrettenden Zwangsmaßnahmen einleitete: „Ich wusste weder ein noch aus. Und jeder in meiner Umgebung glaubte ganz genau zu wissen, was man in so einem Fall machen muss und was nicht. Irgendwann musste ich handeln, denn mein Sohn magerte von über 60 auf 45 Kilo ab. Die Ärzte sagten nur, ich solle weiterhin die Tabletten verabreichen. Nichts, aber auch gar nichts passierte. Henry schlief viel mehr als sonst, er sprach davon, nicht mehr leben zu wollen, und nicht einmal seine geliebte

Kuh wollte er mehr besuchen. Nur manchmal schrie er, sie solle endlich ruhig sein."

Gladis will nicht mehr zusehen, wie ihr Sohn bei lebendigem Leib verhungert. Gemeinsam mit den Freunden von nebenan schmiedet sie einen Plan. Der Nachbarjunge Kim und sein Vater Peter kommen zu Besuch. Sie schnappen sich Henry und halten ihn fest. Einer drückt ihm den Mund auf, und die Mutter stopft ihrem Jungen das Essen hinein. Die ersten Male können sie Henry mit ihrer Attacke überraschen. Weitere Versuche folgen, bis der Porridge endlich die Kehle hinuntergleitet. Das gewaltsame Füttern zieht sich tagelang hin, bis Henry sich wieder an die Nahrungsaufnahme gewöhnt hat und sein Hungergefühl zurückkehrt. Hoffnung keimt auf, weil Henry wieder isst und nicht mehr ständig vom Verhungern und Selbstmord redet.

„Manchmal freute ich mich sogar auf das Essen. Aber natürlich haderte ich noch immer mit meinem Schicksal. Ich war schwer depressiv, aber es war nicht mehr so schlimm wie in der Zeit, in der sich mein Körper geweigert hatte, Nahrung aufzunehmen. Ganz langsam fasste ich wieder Vertrauen zu meiner Mutter, redete mit ihr, und gemeinsam verpassten wir dem Tod einen Tritt in den Hintern. Wenn ich mich stark konzentrierte, konnte ich manchmal einen hellen Lichtschein sehen, so, als würde in weiter Entfernung kurz eine Gardine aufgezogen, und ein Sonnenstrahl dringe in den Raum. Dem maß ich aber keine Bedeutung bei."

So vergeht die Zeit, und täglich versucht Henry, sein Schicksal zu meistern, so gut es eben geht. Meist liegt er im Wohnzimmer auf der Couch und hört Musik, lebt in der Vergangenheit und trauert den sicheren schnellen Schritten seiner Beine nach. Er erinnert sich an die Rufe: „Henry, Henry", als er sich anschickte, seine Gegner in Grund und Boden zu laufen. Und er denkt gern an das Schulterklopfen der Lehrer seiner neuen Schule, an den strahlenden Direktor, der ihn nach seinen großen Siegen für die Schule lobte. „Vielleicht war das der erste Schritt: mich an die guten Zeiten zu erinnern und daraus ein wenig Kraft zu schöpfen." Die Verbesserung seines körperlichen Zustands macht Henry aber noch keine Beine. „Meist wollte ich liegen, manchmal schleppte ich mich durch unseren Garten, eine riesige Kraftanstrengung.

Eines Tages, viele Monate nach meiner Erblindung hatte ich eine sonderbare Begegnung: Als ich durch das hohe Gras humpelte, stand plötzlich ein Fremder vor mir. Aus der Ferne hörte ich die Kuh brüllen. Der Fremde sagte: ‚Ich hörte von deinem Schicksal und habe dich früher laufen sehen. Du warst so schnell, bist mit dem Herzen eines Löwen gelaufen und mit der Anmut einer Antilope. – Und jetzt höre ich die Leute erzählen, du hättest Drogen genommen und wärest deshalb blind geworden. Von deinen Freunden weiß ich aber, dass das nicht stimmt. Ich bin hier, um dir zu sagen, dass ich andere Blinde kenne, denen viel Schlimmeres widerfahren ist. Die kein Zuhause und keine Familie haben, die sich um sie kümmert, und keine Freunde. Du bist blind, das stimmt. Aber damit ist das Leben nicht zu Ende. Du kannst nicht sehen, aber dein Körper ist gesund und stark. Deine Mutter liebt dich und deine vielen Freunde auch. Willst du einmal erleben, wie es anderen blinden Menschen ergeht, die niemanden mehr haben und keine Hoffnung? Du hast den Slums den Rücken gekehrt. Wie viele deiner Freunde leben da noch? Denk einmal darüber nach!'"

Dann verschwindet der Fremde, wie er gekommen ist. Für Henry war er ohnehin unsichtbar – aber auch keiner der Nachbarn oder sonst irgendjemand weiß, wer Henry besucht haben könnte. Henry denkt über das Gehörte nach: „Ein wenig Recht hatte er schon. Ich hatte ja gesehen, wie Blinde auf der Straße bettelten, wie sie ausgeraubt und geschlagen wurden, wie sie verwahrlosten, weil sich niemand um sie kümmerte. Ich hingegen lebte in einem kleinen Haus mit Garten und hatte eine Familie und Freunde."

Nach einer Weile des Nachdenkens humpelt Henry zu seiner Mutter und berichtet ihr von seinem Erlebnis. Und dass er jetzt Folgendes weiß: „Henry Wanyoike, der Nachfahre eines tapferen Kriegers, muss zwar eine schweres Schicksal erdulden. Aber es hätte ihn noch schlimmer treffen können."

4. Der lange Lauf ins Licht

Nur wenige Tage später bekommt Henry erneut überraschenden Besuch. Seine Cousine ist so schnell gekommen, wie sie konnte, um ihm Neuigkeiten mitzuteilen. Sie fällt Henry um den Hals und beginnt, noch ganz außer Atem, ihren Bericht: „Ich habe einen neuen Job im Kikuyu Hospital, in einem Projekt, das von einer Mzungu geleitet wird. Sie heißt Petra und kommt aus Deutschland. Sie ist sehr nett und gut zu ihren Patienten. Stellt euch vor: Sie haben im Hospital jetzt eine neue Abteilung für Blinde! Es gibt dort auch Psychologinnen, die den verzweifelten Menschen helfen. Das Projekt heißt Low Vision. Henry, die Mzungus können bestimmt auch dir helfen!

Henrys langer Lauf ins Licht

Bitte, komm mit mir dahin! Ich habe schon von dir erzählt, und sie freuen sich auf dich! Sie wollen dich gern kennen lernen."

Henry, der all das in sich aufsaugt wie ein Schwamm, dreht den Kopf in die Richtung, in der er seine Mutter vermutet. Sie falten die Hände, und das Schweigen der drei Personen, die im Raum stehen, scheint eine Ewigkeit zu dauern. Langsam senkt Henry den Kopf, als wolle er zusehen, wie eine zentnerschwere Last von seiner Seele zu Boden fällt. Plötzlich hebt er den Kopf und formuliert nur eine Frage: „Mutter, meinst du, die Mzungus können mir helfen?"

Kikuyu Eye Hospital

Die riesigen Bäume neigen sich im Wind. Blätter rascheln, und aus einer gigantischen Kirche auf der anderen Straßenseite dringt leise Orgelmusik zu den drei sich nähernden Gestalten. Henry Wanyoike in seinem Sonntagsstaat, flankiert von Mutter und Cousine Karen, schleppt sich mühevoll zum Eingang des Kikuyu Eye Hospital. Seine Beine wollen nicht mehr. Freundliche Wächter am Eingang organisieren einen Rollstuhl. Henry verblüfft die Anwesenden: „Hier war ich doch schon einmal, ich kann mich deutlich an die Geräusche der Blätter erinnern."

Wanyoikes Hirn funktioniert. Am 1. Mai 1995 war es, als nach der schlimmsten aller Nächte, aus dem starken, schnellen Nachfahren eines Kriegers ein mit Blindheit geschlagener und von Depressionen gebeutelter Mann wurde. An jenem Tag begann das lange Leiden. Gut zwei Jahre später bezieht dieser junge Mann seinen Startplatz auf seinem Weg zurück in die Zukunft. Hier und heute beginnt er seinen langen Lauf ins Licht.

„Hallo, ich bin Petra", stellt sich eine Frau vor. „Es spricht für Sie, dass Sie so schnell zu uns gekommen sind." Henry greift in die Richtung der Deutschen, und es gelingt ihm auf Anhieb, ihre Hand zu fassen und kräftig zu schütteln: „Gleich am Anfang spürte ich, wie gut mir diese Frau tun wird. Ich hörte, wie freundlich sie mit mir sprach, und erkannte, dass sie sofort an mich glaubte. Bereits als meine Cousine Karen angelaufen kam, wusste ich, dass etwas Besonders passieren wird. Ich erinnere mich, dass ich mich damals darüber wunderte, trotz aller Humpelei und Schlepperei mit eigener Kraft das Krankenhaus erreicht zu haben. Das war auch später noch so: Immer wenn ich aufgeregt war und etwas Wichtiges vorhatte, wollten meine Beine auf einmal laufen. Die Blockade im Kopf war einfach weg."

An diesem Tag macht Henry gleich mehrere Schritte in die richtige Richtung. Er fasst zu einer Fremden Vertrauen, die so ganz anders an ihn herangeht, als die anderen bisher. Petra Verweyen, die im Auftrag der Christoffel-Blindenmission aus Bonn nach Kikuyu gekommen ist. Sie gilt in der Welt der Optometristen und Optiker als äußerst qualifiziert. Und genau so werden auch ihre menschlichen Qualitäten eingeschätzt, was wohl vor allem daran liegt, dass sie ihren Beruf als Berufung sieht. Jedenfalls hat sich diese blonde Mzungu für all ihre Patienten unvergesslich gemacht. 1994 folgte sie nach langem Hin und Her, vielen Bewerbungen und Gesprächen, ihrer inneren Stimme und begann ihre Arbeit in Afrika. Über ihre erste Begegnung mit Henry sagt Petra heute: „Mir war klar, dass da ein besonderer Mann auf mich zukam. Ich spürte das. Wir fanden gleich Vertrauen zueinander."

Diese innere Verbindung und Seelenverwandtschaft zwischen Petra und Henry besteht bis heute. Seit 2002 lebt die Augenspezialistin in Chemnitz. Dort träumt sie von Afrika. „Ich habe einen Freund in Afrika, der ist anders als alle anderen Freunde", sagt sie.

Schon bei seinem ersten Kontakt mit der Fremden aus Deutschland spürt Henry, dass dieses Treffen sein Leben verändern kann: „Bei den Spezialisten, die ich mit Mutter aufgesucht hatte, war alles ganz anders. Die sagten nur: Alles nicht schlimm – ausziehen – röntgen – nehmen Sie die Tabletten – es wird schon. Aber Petra sprach mit ruhiger Stimme und ging ganz behutsam auf mich ein. Sie schien unendlich viel Zeit für mich zu haben und wollte alles von mir wissen. Sie brachte es fertig, mir klar zu machen, dass sie sich nicht aus Routine um mich kümmerte, sondern sich für Henry Wanyoike, den Schuhverkäufer, der aus den Slums von Kikuyu gekommen war, interessierte. Und sie stellte mir viele, viele Fragen."

Petra Verweyen, die ihr Engagement für Menschen in den Armutsgebieten unserer Erde nie aufgeben wird, erinnert sich auch heute noch mit einem gewissen Leuchten in den Augen an ihre Zeit in Afrika. Und kommt die Sprache auf Henry, dann ist sie ganz besonders bei der Sache. „Mir ist sein erster Besuch noch sehr gegenwärtig. Der kleine, schüchterne Mann, er schien gar nicht so verzweifelt und depressiv, wie ich es von seiner Cousine gehört hatte. Sehr authentisch und mit klarer und fester Stimme erzählte mir Henry seine Geschichte – und seine Geschichten. Und wenn ich dabei herzhaft lachen musste, schmunzelte er manchmal. Ich dachte mir gleich, dass wir ihm auf Dauer sicher würden helfen können. Er gab sich sehr wortgewandt und charmant. Als er mir jedoch seine Zukunftspläne erläuterte, erstaunte er mich sehr. Da erzählte mir doch dieser vom Schicksal gebeutelte Mann, dass er ein international bekannter Läufer werden will, ein Weltrekordmann! Blind oder nicht, das war gar keine Frage: Henry for Gold – das stand für ihn fest!"

Für Petra weniger. In ihrer Wanyoike-Akte notiert sie: „Henry fantasiert, er will Weltrekordläufer werden. Der spinnt!" Die rosa Mappe gelangt in die Registratur des Low Vision Departments. Dort beschäftigen sich Petra und ihre Kollegen ausgiebig mit Menschen, die mit der Geißel Blindheit geschlagen sind. Im Notdienst – geholfen wird hier rund um die Uhr – ist es oft Petra, die nachts im Jeep mit einem Fahrer durch die Gegend fährt. Am 14. Mai 1997 erscheint der Name des jungen blinden Wanyoike zum ersten Mal in den Unterlagen dieses ehrgeizigen Projekts in der Nähe der kenianischen Hauptstadt Nairobi. Und wenn Petra in den nächsten Tagen zu besagtem Ordner greift, lacht sie laut und herzlich. Jedenfalls, wenn Henry nicht in der Nähe ist. Und doch – Henrys größenwahnsinniger Ansatz könnte, so die deutsche Mzungu, durchaus hilfreich sein: Wer Weltrekord laufen will, muss seine Beine benutzen – schneller als alle anderen Blinden auf dieser Welt. Und davon gibt es nach Angaben der Wiener Organisation „Licht für die Welt" immerhin 50 Millionen.

„Wenn Henry derzeit nur humpeln kann, dann müssen wir uns seine Träume vom Weltrekordlauf zu Nutze machen", denkt die Optometristin und bestellt ihren Schützling zunächst zur genauen Augenuntersuchung. Dabei macht sie eine Hoffnung verheißende Entdeckung: Henrys Augen haben einen geringen Rest an Sehfähigkeit behalten. Er selbst hatte das gar nicht bemerkt. Hin und wieder habe er eine Helligkeit in vermeintlich großer Entfernung wahrgenommen, sagte Henry. „Ich hielt die Augen oft geschlossen, weil ich sie schützen wollte. Ich kann ja schließlich nicht sehen, was auf mich zukommt."

Eine starke Sonnenbrille, die ihm einerseits als Schutz dient, ihm andererseits hilft, sein Handicap zu verbergen, gehört darum zu Henrys Ausrüstung. Natürlich lässt dieser Schutz nur wenig Licht durch – und so bleibt es Henry lange Zeit verborgen, dass die Helligkeit, die er im Grunde eher spürt als sieht, ein gewisses Restlicht ist. Petra nimmt Henry in den Arm und fragt ihn ganz aufgeregt, ob er denn noch nie bemerkt habe, dass es heller um ihn herum ist, wenn er die Augen öffnet. Henry kann diese Frage nicht beantworten. Er nimmt seine Sonnenbrille ab und öffnet die Augen ganz weit. Dann hält er einige Sekunden inne und stellt fest: „Tatsächlich, wenn ich die schwere Brille abnehme und die Augen weit aufreiße, dann ist da um mich herum etwas mehr Licht. Was hat das zu bedeuten? Ist das ein gutes Zeichen?", fragt Henry damals, im Sommer 1997.

Es ist ein gutes Zeichen! Eines, das Mut macht. „Henry reagierte begeistert auf diese Feststellung!", erzählt Petra Verweyen: „Gleich wollte er damit beginnen, das Licht zu nutzen. Ich musste seine Euphorie bremsen, denn bei einer so schweren Entzündung des Sehnervs, wie sie bei Henry vorlag, kann die Fähigkeit, Restlicht wahrzunehmen, unter Umständen nur kurz anhalten. Außerdem reagieren die Gehirne der Menschen unterschiedlich. Was mit dem Ergebnis meiner Untersuchung tatsächlich anzufangen war, konnten nur zukünftige Versuche ergeben. Vielleicht gar nichts! – Und doch freute ich mich darüber, dass Henry die Sache gleich in Angriff nehmen wollte. Das Engagement, das er während unserer Treffen an den Tag legte, unterschied sich deutlich von all den Schilderungen, die mir seine Verwandten gegeben hatten. Ich spürte den Mut in ihm. Schließlich funktionierte sein sonstiger Körper ja, wenigstens theoretisch. Nur Psyche und Gehirn spielten noch nicht völlig mit."

Zu diesem Zeitpunkt merkt Henry längst, dass die Mzungu sein Leben zum Besseren wenden wird: „Kaum hatte ich Petra getroffen, da fühlte ich, dass ich bei ihr stärker war als sonst. Das war der Grund, weshalb ich immer wieder ihre Nähe suchte. Und als sie mir dann noch sagte, dass ich durch andauerndes Training möglicherweise in der Lage sein würde, mit einer riesigen Lupe die Schlagzeilen der Zeitung zu lesen, da hat mein Herz vor Freude Purzelbäume geschlagen. Aber Petra riet mir, ich solle erst einmal zur Ruhe kommen, bevor wir mit dieser Arbeit beginnen. Außerdem stellte sie mir eine ganz außergewöhnliche Therapeutin namens Regina vor. Aufgrund meiner Depressionen war ich als schwerer Fall eingestuft worden. Die Begegnung mit Regina war die nächste schicksalhafte Wendung zum Guten in meinem Leben."

*Mit Petra Verweyen, Henry nennt sie „Nyambura" –
„die mit dem Regen kam"*

Wir treffen diese sagenhafte Therapeutin knapp sieben Jahre später. Zielsicher leitet uns Henry über das Terrain der Klinik: 14 Schritte nach links, drei nach rechts. Auf der linken Seite riecht es nach Äther, da zischen und dampfen die Sterilisationsapparate. Fünf Meter weiter klopft Henry mit seinem langen weißen Stab gegen eine kniehohe Mauer und bittet uns: „Bleibt mal stehen und riecht die Blumen. Sie sind so einzigartig! Ich habe zwar nicht mehr vor Augen, wie sie aussehen, aber ich weiß, wie sie riechen und wie gut ich mich daran orientieren kann. Uns gegenüber sitzen jetzt sicher ein paar Patienten auf der Bank und schauen uns interessiert zu."

Stimmt. Henry setzt seinen Weg in einem schnellen Spaziertempo fort. Seinen langen weißen Stab benutzt er so geschickt wie ein Rallyefahrer – der er ja einmal werden wollte – den Schaltknüppel seines Fahrzeugs. Er hält sich immer brav auf der rechten Spur. „Dann haben die Leute, die mir entgegenkommen, genügend Platz und müssen nicht ausweichen. An der Kasse 19, wo die Tickets fürs Mittagessen gezahlt werden, ruft Henry fröhlich in den Raum hinein: „Hallo Margie, wie geht's denn so!" Und die Stimme der jungen Frau am Schalter säuselt zurück: „Henry, alter Charmeur, danke der Nachfrage, aber wenn du kommst, geht's mir immer gut."

Henry genießt diese Auftritte, wobei auffällt, dass die Männer ihr Schulterklopfen stets mit einem „Wanyoike" begleiten, während die Frauen zu „Hi, Henry!" neigen. Henry erklärt: „Männer sind Helden. Darum nennen sie mich bei meinem Kikuyu-Namen. Wanyoike heißt ja ‚Krieger'" Enge Freunde nennen ihn „Sieke". Die Vermutung, dass es sich dabei um den Spitznamen seines Großvaters handelt, ist durch nichts belegt. Auf jeden Fall ist „Sieke" liebevoll gemeint. Denn diejenigen, die immer für ihn da sind, die ihn begleiten und einfach gern ihr Leben mit ihm teilen, sind stolz, „Sieke" sagen zu dürfen.

Heute ist Sieke ganz aufgekratzt. Es macht ihm großen Spaß, mit schlafwandlerischer Sicherheit das Krankenhausareal zu durchkreuzen. An einer kleinen Gasse, die nach rechts offenbar ins Niemandsland führt, hebt er seinen weißen Stab und stoppt. „Rechts geht's zu Regina – und da", jetzt bewegt sich sein Stab in Richtung eines kleinen Gebäudes, „da saß früher Petra im Büro." An ihre Stelle ist die Schweizerin Susan Bürgi gerückt. „Susan ist eine gute Freundin, die mich vor allem logistisch unterstützt. Sie versendet für mich Briefe, Faxe und Mails. Wir helfen uns gegenseitig. Wenn sie meine Hilfe als Hoffnungsstifter braucht, bin ich da."

Henry läuft schon wieder ein Stück voraus. So wie er sich hier lachend und sicher bewegt, ahnt man nicht, dass Henry blind ist. Natürlich wählt Sieke die Treppen hinunter zu dem langgestreckten Gebäude, auf dessen grünem Dach in weißer Schrift „Low Vision" steht. Er hätte auch die schiefe Ebene einer Rampe benutzen können, aber Henry möchte uns demonstrieren, was er alles draufhat. Und das ist eine Menge!

Ein Wanyoike-Heimspiel: „Ich kenne hier fast jeden Stein. Überall stoße ich auf Markierungen, die ich mir gesetzt oder eingeprägt habe. Ich weiß, wie viele Stufen welche Treppe hat, wie es zu welcher Jahreszeit am Weg riecht. Ich weiß, wo welche Person hinter welchem Schalter sitzt. Deshalb kann ich mit ihnen reden. Ich habe mir eingeprägt, wo auf dem Fußboden Teer, Beton, Rasen oder Schotter wechseln. Als Blinder lernt man schnell, sich zu orientieren. Wenn man es denn will."

Wieder ein Zuruf: „Ach, der schöne Henry gibt sich die Ehre!" – „Hallo Ladies!" Henry, der Charmeur, grinst mit seinem Harry-Belafonte-Lächeln die hübschen Krankenschwestern an. Eine ruft: „Regina, Henry ist da! Er hat Besuch mitgebracht." Im Therapiezimmer quietscht ein Kind vor Vergnügen, und sofort fällt eine weibliche Reibeisenstimme in das Jauchzen mit ein. „Henry!" Ein wilder Lockenschopf wird zur Tür herausgestreckt, schon rennt eine Frau mit dem Feuer und dem Aussehen von Tina Turner durch das Gebäude auf Wanyoike zu. Und der stürzt sich Regina entgegen. Ein Küsschen hier, ein Küsschen da. „Kommt mit, wir trinken Tee!" Reginas Wunsch wirkt wie ein Befehl. „Sie kann auch streng sein", verrät Henry.

In ihrem Büro sitzt ein kleines blindes Mädchen aus den Kikuyu-Slums. „Ist Henry da?", fragt sie und tastet sich in unsere Richtung vor: „Wann kommst du und bringst mir wieder Milch? Ich warte jeden Tag darauf!" Henry streichelt ihr über den Kopf, und Regina gerät ins Schwärmen. „Henry ist wie ein Sohn für mich. Er ist so wichtig für die Menschen hier! Ja, für die ganze Region! Er gibt uns allen Hoffnung! Als er vor Jahren zu mir kam, war das ganz anders. Petra fand seinen Zustand zwar nicht so schlimm wie befürchtet. Aber als Henry das erste Mal zu mir in dieses Zimmer kam, saß ein gebrochener Mann vor mir. Bei Petra hatte er Optimismus vorgetäuscht und sich dabei verausgabt – wahrscheinlich, weil sie eine ihm fremde Europäerin war. Mir erschien er antriebsarm, und seine

Beine wollten ihm nicht gehorchen. Und dabei hatte er doch zu Petra gesagt: ‚Ich werde ein Weltklasseläufer!' Das zu glauben, fiel mir schwer."

Regina und Henry beginnen die Therapie im Spätsommer 1997. Am Anfang stehen Seelen- und Rückenmassage auf dem Programm. Der Patient nimmt beides dankend an. Der früher so fromme Henry hat nun auch Probleme mit Gott: „Wie stand ich damals zu dem Herrn? Mal haderte ich mit ihm, am nächsten Tag flehte ich ihn bittend an, am dritten betete ich. Meine Launen wechselten schneller als das Wetter in der Regenzeit. Manchmal redete ich viel, dann wieder gar nichts. Konnte ich an einem Tag ganz gut laufen, ging am folgenden nichts mehr. Mal war ich voller Hoffnung, dann voller Verzweiflung. Das einzige, was ich genau wusste, war, dass Petra und Regina mir gut taten."

Bei Petra lernt Sieke das Lesen mit einer riesigen Lupe. Er trainiert seine Augenmuskeln, wie er später seine Bein- und Oberkörpermuskulatur trainieren wird. Henry reißt sein rechtes Auge weit auf und nimmt einen vermeintlich fernen Schatten wahr. Er presst die Lupe fest vor sein Gesicht. Und nach einigen Wochen des Übens kann er tatsächlich die Schlagzeilen der *Kenya News* lesen und empfindet dabei ein großes Glücksgefühl. „Nur schade, dass man damals noch nichts über mich geschrieben hat", bedauert Henry mit einem breiten Grinsen.

Petra erzählt: „Schön, dass Henry das schaffte, was er sich vornahm! Er hat sehr hart dafür gearbeitet! Und wir konnten ihm vermitteln, wie viel uns das bedeutete! Henrys Erfolge sind auch unsere – gegenseitige Bestätigung ist für so ein Projekt äußerst wichtig." Positives Feedback motiviert das ganze Team und kann während der Therapie notfalls zu Kurskorrekturen führen. Auf diese Weise erlebt Henry zum ersten Mal, dass er auch seinen Helfern helfen kann. Eine wegweisende Erfahrung. Henry turnt bei der Gymnastik mit Regina gleich ganz anders, und ihre Worte dringen tief in sein Bewusstsein ein.

Bei unserem Besuch beugt sich die Therapeutin zu Henry hinüber. Er führt gerade eine Tasse mit dampfendem Tee zum Mund, als sie ihm zuflüstert: „Henry, erinnerst du dich, wie wir dich beschworen haben? Ich sagte dir: ‚Petra und ich, wir sind deine Freundinnen. Aber wir sind auch nur Menschen und letztendlich Werkzeuge Gottes! Du hast die große Gnade, dich frei zu entscheiden: Welchen Weg willst du einschlagen? Wirst du Gott vertrauen? Wenn du mich fragst: Es gibt nur einen Weg!'" Und zu uns allen gewandt fährt sie fort: „Henry nickte bestätigend, und das gab auch mir Freude und Hoffnung. Wir haben danach sehr lange und intensiv gebetet. Henry nahm mich in den Arm und lächelte mich selig an. ‚Danke‘, sagte er, ‚ich habe durch dich nach langer Zeit meinen Gott wieder gefunden.'"

Margret

Am 7. November 1997 nimmt die Kikuyu Eye Unit Henry in ihr Hilfsprogramm auf. Ab sofort gilt Henry offiziell als Behinderter. Sollte er irgendwann in die Verlegenheit kommen, wegen nachgewiesenen Reichtums Steuern zahlen zu müssen – die Aufnahme in das Behindertenprogramm würde das auf ewig verhindern. Aber das ist nicht gerade wahrscheinlich. Denn zwar kämpfen Henry und seine Familie nicht mehr jeden Tag ums blanke Überleben, aber sie haben Probleme, die Kosten für Henrys Transporte in die ca. neun Kilometer entfernte Klinik aufzubringen – oder zum Training. Daran hat sich bis heute kaum etwas geändert, und das ist auch der Grund, weshalb wir Henry ein Tandem mitgebracht haben.

Bei uns kommt der Staat für den Transport Behinderter auf. In Kenia aber zahlt Henry denselben Tarif wie alle anderen Erwachsenen. Weil jedoch Henrys Freunde echte Freunde sind, organisieren sie Autos oder überreden Busfahrer zum kostenlosen Transport. Manchmal sitzt Sieke auch auf dem Gepäckträger eines Rades. Seine Kameraden merken, wie gut ihm der Besuch dieser Spezialabteilung tut und treten gern und kräftig in die Pedale.

Auf dem inzwischen fast täglichen Weg ins Krankenhaus denkt Henry öfter an den Besuch des Fremden, der plötzlich wie aus dem Nichts in seinem Garten stand und ihn aufforderte, sein Schicksal selbst in die Hand zu nehmen. „Mittlerweile konnte ich wieder klar denken, und mir wurde bewusst, wie viel Glück ich doch in all meinem Elend gehabt hatte. Ich saß auf dem Gepäckträger eines Rades, ein Freund fuhr mich ins Krankenhaus und ein anderer begleitete uns zu Fuß – für alle Fälle."

In Reginas Büro schlagen inzwischen die Wogen der Erinnerung hoch. Sie lässt sich die Chance nicht entgehen, uns zu erzählen, was für ein wunderbarer Mensch Henry ist! Der verlässt hin und wieder das Therapiezimmer, um draußen von Patienten umringt zu werden. Sie wollen ihn sehen und anfassen. Sie wollen diesen Mann, der es geschafft hat, sich aus der Isolation zu befreien, in den Arm nehmen. Ihn, der als blinder Afrikaner schon oft den Kontinent verlassen hat, um die Welt auf sich aufmerksam zu machen.

Draußen spricht ein Mann mit kräftiger klarer Stimme: „Das ist Wanyoike. Du kannst nicht mal sehen, dass er blind ist. Und er hat seine Karriere von hier aus gestartet. Er hat nie aufgegeben. Den musst du dir zum Vorbild nehmen." Ein Vater sagt das zu seinem Sohn. Der achtjährige Bruce verlor bei einem Unfall sein rechtes Auge und strahlt auf dem Flur der Klinik sein Idol an. Der Vater schreibt die Adresse auf. Henry verspricht, demnächst zu Besuch zu erscheinen. „Ich werde versuchen, dem Jungen zu helfen. Ich hole ihn von zu Hause ab und bringe ihn in die Therapie."

Das bringt Regina auf einen Gedanken: „Wisst Ihr eigentlich, wie Henry den Durchbruch schaffte? Es war im Sommer

1998, als etwas ganz Erstaunliches passierte! Ich konnte es zuerst gar nicht glauben. Doch Gott macht immer wieder Wunder wahr." Regina nimmt Henrys Hände in ihre und streichelt sie. „Keine Ahnung, was aus dir geworden wäre, wenn es dieses Wunder nicht gegeben hätte ..." Sie schluckt und rollt Sieke einen Gummiball zu: „Henry, erzähl du!" Doch der bekommt kein Wort heraus, Tränen kullern über seine Wangen. „Aber diese Geschichte muss die Welt doch erfahren, die Story müsst ihr aufschreiben! Unbedingt."

Also fügt die Therapeutin Regina Kittau der Biographie von Henry Wanyoike eine weitere erstaunliche Begebenheit hinzu: „Über Kikuyu lachte die Sonne, und Henry trieb sich auf dem Gelände der Klinik herum. Am Nachmittag kam er ganz aufgeregt zu mir. Er hatte etwas aufgeschnappt, das er mir atemlos erzählte: Irgendwo im Land sollte es ein kleines Mädchen geben, blind und ohne Hoffnung, das ums Überleben kämpfte. Henry stellte klipp und klar fest: ‚Ich mache mich auf und werde dieses Mädchen retten. Das redet mir niemand aus. Ich bitte dich nur, dass du meiner Mutter nichts davon erzählst. Denn sie würde mich bestimmt nicht gehen lassen, aber das muss ich. – Gott weiß auch schon davon, und er hat zugestimmt.' – Da war kaum noch etwas zu machen.

Ich erkundigte mich nach dem Mädchen. Und als sich herausstellte, dass es sich so verhielt, wie Henry mir erzählt hatte, erklärte ich mich bereit, die Verantwortung für diese Aktion zu übernehmen. Henry meinte nur: ‚Das ist ja klasse, dann ist das eine Geschichte nur zwischen uns beiden, und du wirst doch nicht wollen, dass ich Gott verärgere. Außerdem: Auch wenn du Nein sagen würdest, ich gehe auf jeden Fall.' Das war der Stand der Dinge, und insgeheim sagte ich mir, dass hierin eine einmalige Chance lag. Henry konnte sein Trauma überwinden, wenn er seine Mission erfüllte. – Was aber, wenn nicht?"

Noch am selben Abend entwickelt der Krieger eine List: Seine Mutter informiert er am nächsten Tag, er werde die kommende Zeit im Krankenhaus verbringen, weil er dort wichtige Dinge mit Petra und Regina zu erledigen habe. Die Mutter stimmt sofort zu. Sie dankt Gott jeden Tag, dass Er Henry zu der Mzungu und ihrer Therapeutin in die Spezialabteilung des Krankenhauses geführt hat. Am Abend singen beide in der Küche, und aufgekratzt wie selten lässt sich Henry am Morgen des nächsten Tages von seinem Freund ins Krankenhaus bringen.

Er trägt einen Rucksack bei sich. Obst, Wasser, ein paar Schillinge und eine Decke befinden sich darin. Henry dankt seinem Freund für den Transport mit dem Rad, winkt ihm noch einmal zu und denkt insgeheim: Wer weiß, ob wir uns je wiedersehen? Dann klappt er seinen langen weißen Stab aus, holt einmal kräftig Luft und macht sich auf die Reise ins Ungewisse. Traumatische Bilder verdrängt er: Kenianer, die auf Blinde einschlagen? Nein, die gibt es nicht, und damit basta!

Wanyoike tastet sich mit seinem Stab über den Vorplatz der Klinik. Die Blätter der mächtigen Bäume rauschen, ein Jeep wirbelt feine Partikel der roten Erde auf, und der Wind bläst sie Henry ins Gesicht. Der Wanderer spürt und riecht den lehmigen Staub seiner Heimat, wischt sich die Wangen frei. Behutsam umgeht er mit Hilfe seines Stabes die bisweilen knietiefen Löcher auf der Straße, die zur Überlandverbindung führt. Von dort fahren Busse weit weg von seiner Heimatstadt tief in sein geliebtes Land hinein. Henry marschiert einfach drauflos.

Zwar ist ihm bekannt, wo er das achtjährige Mädchen Margret finden kann, aber wie kommt er nach Subukia? – „Das liegt doch gute 200 Kilometer weit weg", erzählt ihm jemand. Was bedeuten 200 Kilometer für seine Reise? Wie oft müsste er dafür um den Sportplatz rennen? Und in welche Richtung soll er sich eigentlich wenden? Jede weite Reise beginnt mit den ersten Schritten.

So tastet sich der junge Mann vorsichtig weiter. Verglichen mit seinen sonstigen Streifzügen in Begleitung von Freunden oder Verwandten, ist diese Unternehmung eine extreme Herausforderung. Unterwegs spricht Henry höflich jemanden an und fragt, wie er zur nächsten Bushaltestelle kommen kann. Die Menschen begegnen dem Reisenden mit der verschmutzten Sonnenbrille und dem Blindenstab überaus freundlich. Zwei Männer fassen ihn am Arm und führen ihn zu einem kleinen Busbahnhof. Dort helfen ihm andere Passanten weiter: Sie setzen ihn in einen Bus, der nach Subukia fährt. Im Bus erklärt ihm eine Frau mit einer alten Stimme, wie er nach der Endstation weiterkommt. Sie teilt sogar eine Banane mit ihm. Henrys Selbstvertrauen wächst und wächst. Er macht sogar Späße im Bus. Das Reisen gefällt ihm, und bisher klappt alles wunderbar.

An der Endstation übergibt die alte Dame Henry einem fahrplankundigen Bekannten. Sie unterhalten sich miteinander, und der Mann fragt Henry nach dem Grund seiner Reise. Denn er wundert sich über den blinden jungen Mann, der allein in einer ihm unbekannten Gegend unterwegs ist. Bald kommt es Henry so vor, als würde der Fremde neben ihm weinen. Jedenfalls nimmt er Henry in den Arm, schnäuzt sich und lädt ihn in ein Gasthaus ein. Dort verrät er: „Mein Enkel ist auch blind. Er heißt David."

„Komm, Junge, ich gebe dir ein Essen aus", sagt der alte Mann und tuschelt mit den Leuten. Einige Anwesende klopfen Henry auf die Schulter. Einer mit einer Stimme wie ein Brummbär meint: „Du hast ganz schön Mut. Weißt du was? Heute geht kein Bus mehr nach Subukia. Du kannst bei mir schlafen. Zwei von den Männern da drüben sind meine Nachbarn, wir werden dafür sorgen, dass du morgen im richtigen Bus sitzt. Na, ist das ein Angebot?"

Begeistert und ohne Argwohn nimmt Henry die Einladung an. So viele Leute haben ihm geholfen! Außerdem scheint der Brummbär einen guten Ruf zu haben. An diesem Abend wird Henry im Haus seines Gönners fürstlich bewirtet. Bei einem

Glas Bier erzählt er der Familie seines neuen Bekannten seine Geschichte. Sie versprechen, sich Henrys Namen zu merken.

Und der fühlt sich großartig! Bisher läuft die Sache reibungslos, und er tankt eine Menge Selbstbewusstsein. Müde nach dem Genuss des Bieres fällt er in einen tiefen Schlaf. Am nächsten Morgen stehen einige Männer bereit, um ihn in den richtigen Bus zu setzen. Sie geben Henry sogar noch einen Zettel mit auf die Reise: Falls er in Schwierigkeiten gerät, soll ihm einer ihrer Freunde am Zielort helfen.

Einen Tag nach seiner Abreise aus Kikuyu erreicht Henry Subukia. Hier gilt es, Margret zu finden. Henry kennt ihren vollständigen Namen und ihre Anschrift in den Slums. Zunächst sucht er den Pfarrer auf und schildert ihm die Situation. Zwei Stunden nach seiner Ankunft steht Henry vor dem Eingang zu den Slums von Subukia, deren Geruch ihm sehr vertraut ist: Es ist derselbe Geruch nach Elend und Armut, wie er ihn von seiner Kindheit her kennt.

Henry weiß genau, wie er sich hier bewegen muss. Er fragt einige lärmende Kinder nach Margret, und bereits das zweite Mädchen, das er anspricht, führt ihn zu der blinden Spielgefährtin. Henry und Margret geben sich die Hand. Er erklärt dem Kind, warum er gekommen ist: „Ich hole dich hier heraus und nehme dich mit in ein Krankenhaus. Dort gibt es zwei Frauen, die dir helfen werden. Und ich helfe dir auch!" Schreiend rennt das Mädchen zu seiner Tante, die sich der blinden Waisen angenommen hat. „Hier ist ein Blinder, der mich mitnehmen will!", ruft sie erschrocken.

Die Tante hat tatsächlich im Kikuyu Eye Hospital um Hilfe gebeten. Dass aber plötzlich ein blinder junger Mann auftaucht und Margret abholen will, überrascht die Pflegemutter doch sehr. Henry kann ein Schreiben von Regina vorlegen, womit er sich als Vertreter des Low Vision Departments ausweist. Und stolz wirft er sich in die Brust: „Ich bringe das Mädchen sicher nach Kikuyu, so wahr ich Wanyoike heiße.

Schließlich bin ich auch allein hergekommen." Dabei tut der junge Gesandte des Low Vision Departments so, als unternehme er Reisen wie diese mehrmals im Monat. Damit gelingt es ihm, das Vertrauen des Mädchens und der Tante zu gewinnen. Margret ist von diesem Mann angetan, der nur ihretwegen eine beschwerliche Fahrt auf sich genommen hat. „Henry ist mein Held!", sagt sie.

Der kleine Koffer des Mädchens ist schnell gepackt. Margret hakt sich bei ihrem Helden ein, der klappt seinen weißen Stab aus – und so ziehen die beiden Blinden durch ein Spalier von neugierigen Slumbewohnern los. Die Tante läuft hinterher. Sie übernimmt die Führung bis zur Busstation. Henry kauft zwei Tickets, und Margret und ihr Beschützer steigen in das große Überlandgefährt. Auf der Reise schwärmt Henry dem Kind allerlei vor von den Segnungen der Spezialabteilung in der Augenklinik.

„Wie habe ich gebetet, dass Henrys Expedition gut geht!" Noch heute, sechs Jahre später, sind Reginas Anspannung und ihr Bangen zu spüren. Die Erinnerungen an den mutigen blinden Mann, der auszog, um ein blindes Mädchen zu retten, treiben der Therapeutin die Tränen in die Augen: „Was meint ihr, unter welchem Druck ich stand? Morgens, als ich ins Krankenhaus kam, wartete ich vergeblich auf Henry. Weil ich nicht wusste, dass er sich schon auf seine Reise gemacht hatte, suchte ich ihn auf dem gesamten Gelände – ohne Erfolg. Einer der Männer am Eingang konnte mir endlich Auskunft geben: ‚Das war komisch mit Henry. Erst ist er von einem Freund auf dem Rad gebracht worden. Dann wartete er, bis sein Bekannter wegfuhr, und als einige Zeit vergangen war, ging er allein davon.' Da schlug es wie ein Blitz bei mir ein: Henry ist schon unterwegs! Ich schimpfte in mich hinein und verbrachte eine Zeit zwischen Bangen und Beten. Schließlich trug ich die Verantwortung für die Aktion, auch wenn Henry sich morgens einfach so davongeschlichen hatte.

Ich war zwar eingeweiht, dass Henry das Mädchen in diesen Tagen abholen würde, nur hätte ich ihn gern instruiert, ihm Geld und Fahrkarten mitgegeben und Ansprechpartner und Telefonnummern genannt. Schlagartig wurde mir klar: Henry ist allein da draußen und kämpft sich durch weite Teile Kenias. Dabei hatte er zuvor noch nicht einmal den Weg vom Krankenhaus zur Kantine außerhalb des Geländes alleine zurückgelegt. Aber was blieb mir anderes, als mich zu beruhigen. Ich sagte mir: Das ist seine Chance. Wenn er das schafft, dann kann er alles schaffen. – Was für ein Potenzial dieser Charmeur besaß, war uns allen bekannt."

Schon am frühen Nachmittag des ersten Reisetages wartet Regina am Tor auf Henry. Doch der kommt nicht. Sie geht über den Vorplatz der Klinik, hinüber zur löchrigen roten Straße, die sich mit einem kleinen Gefälle hinabschlängelt, so weit das Auge reicht. Kein Henry, keine Margret. Die Angestellten bemerken Reginas Unruhe. Und die Wachleute rufen: „Alles klar?" – Nichts ist klar. In Reginas Kopf überschlagen sich die Gedanken: Liegt Henry irgendwo zusammengeschlagen in einem Graben und braucht Hilfe? Ist ihm das Mädchen vielleicht weggelaufen und irrt jetzt weinend durch die Gegend? Sind sie in den falschen Bus gestiegen und kommen nicht mehr weiter? Auch nach Einbruch der Dunkelheit keine Spur von Henry und seiner Schutzbefohlenen! Es folgt eine schreckliche Nacht!

„Ich blieb im Krankenhaus. Der Massagetisch in meinem Büro hatte mir schon öfters gute Dienste als Nachtlager erwiesen, aber diesmal fand ich keine Ruhe! Wie sollte ich auch ahnen, dass Henry zu der Zeit, da ich rastlos umherwanderte und vor Sorge zu sterben glaubte, bei einem Fremden ein Bier trank und dann einfach einschlief. Die ganze Nacht konnte ich kein Auge zutun, und morgens, gleich nach Sonnenaufgang, stand ich wieder am Tor. Kein Henry! Ich schickte einen Bekannten zu seiner Mutter, der sich ganz vorsichtig erkundigen sollte, ob Henry vielleicht schon zu Hause war. – Fehlanzeige!

Bei der Polizei wusste niemand etwas von einem Unfall mit einem Blinden auf der Strecke nach Subukia. Als ich am späten Nachmittag zu Henrys Mutter fahren wollte, um ihr die Lage schonend beizubringen, da brüllte einer der Wächter: ‚Da kommt Wanyoike mit einem Mädchen!'

Henry war wieder da! Mein Herz schlug bis zum Hals, und schreiend lief ich ihm entgegen. Inzwischen fanden sich neugierige Patienten und Krankenhausangestellte am Tor ein. Sie bemerkten zwar, dass irgend etwas Besonderes los war, hatten aber keine Ahnung von Henrys Mission. Dann aber konnten viele von ihnen das Bild sehen, das sich uns bot – eine Szene, die sich mir eingemeißelt hat für die Ewigkeit."

Unvermittelt springt Regina aus ihrem Sessel, läuft auf Henry zu, drückt ihn, ihr Gesicht ist tränenfeucht. „Ach, Henry, hättest du dich damals sehen können! Du kamst mit Margret an der Hand die Straße herauf. Ihr ward beide ganz aufgeregt, und du hast mit deinem langen Stab gewunken. Du hast geschrien: ‚Wanyoike ist wieder da! Henry hat es geschafft!' Und du hast so gestrahlt! Für mich stand die Zeit still. Du bist mit dem Mädchen durchs Tor gezogen, als würde ein Prophet aus einem fremden Land zurückkehren. Du hörtest mich vor Freude weinen und gingst direkt auf mich zu. Du nahmst meine Hand und sagtest: ‚Regina, Wanyoike ist wieder da! Der Krieger ist von einem schweren Kampf zurückgekehrt.'"

Das ist nun etwa 100 Monate her. Aber als Regina uns Henrys Rückkehr schildert, weint sie so wie damals. Es sind Tränen der Liebe, und sie stecken an. – Eine der Krankenschwestern aus dem Empfang kommt ins Therapiezimmer gelaufen, weil sie Schluchzen gehört hat. Welch ein Anblick: Da sitzt eine Gruppe von Leuten und heult um die Wette. Die Schwester verschwindet wieder, kehrt aber kurz darauf zurück und stellt ein paar Rollen Toilettenpapier auf den Tisch, bevor sie kopfschüttelnd das Zimmer verlässt. Wir versuchen zu schweigen.

Vor der Tür brabbelt ein Kind in Kikuyu vor sich hin. Und nur das Schnäuzen von Regina zerrt unser aller Gedanken wieder in die Gegenwart. Henry bricht das Schweigen: „Am Tag meiner glorreichen Rückkehr kam ich wieder mitten im Leben an. Allen war von nun an klar: Wanyoike ist wieder da!"

Nichts geht Henry jetzt schnell genug. Er turnt und macht auf dem Rasen der Klinik Überstunden. Die Krücken benutzt er nicht mehr. Er hat sie zurückgegeben. Intensiv kümmert er sich um Margret, spielt mit ihr, stellt sie allen Leuten vor und bestellt für sie die schönsten Speisen bei seinen Freunden aus der Küche. Er stemmt Hanteln, macht Kniebeugen. Henry lacht, und gar nicht ungelenk tanzt er mit Margret. Dass er für sie ein Held ist, macht für beide das Leben leichter.

Petra Verweyen versucht Henrys Tempo etwas zu bremsen: „Er gab so viel Gas, dass wir uns Sorgen machten. Allen teilte er mit: ‚Das Leben ist schön. Es kommt nur darauf an, dass man es schön haben will!' Fasziniert beobachtete ich, wie die Leute diesem aufgedrehten Mann zuhörten. Henry hatte wieder zu leben gelernt. Und auch anderen Kindern half er. Er nahm seine Milchlieferungen in die Slums wieder auf. Und jeden Tag faszinierte mich Henry aufs Neue. Wie hatte dieser glückliche Mann noch vor einem Jahr am Boden gelegen. Fertig mit sich und der Welt. Und jetzt?"

Henry ist durch den Erfolg seiner Mission so gestärkt, dass, obwohl sich einer seiner schlimmsten Alpträume beinahe erfüllt, das Trauma ausbleibt. Henry fällt es nicht schwer, darüber zu reden. Er streichelt Regina über den Lockenkopf und beginnt: „Ihr wisst, dass ich mir in meiner depressiven Phase oft vorstellte, von Polizisten gejagt zu werden, ohne ihnen entkommen zu können. So etwas passierte mir nun wirklich. Gemeinsam mit Wilson kam ich etwa gegen acht Uhr abends von einer Milchlieferung aus den Kikuyu-Slums zurück. Es war Ende November 1998. Wilson beklagte sich gerade über die einsetzende Dunkelheit, als wir einen Jeep heranrasen hörten. Der Wagen fuhr mit Vollgas, und vor uns waren schreiende Menschen zu hören. Wilson rief: ‚Abhauen, Polizei!' Die Polizei in unserer Region ist nicht gerade zimperlich, und in den vorangegangenen Tagen hatte es immer wieder Überfälle gegeben. Die Polizei machte Razzien und drosch willkürlich auf alle ein, die sich im Dunkeln noch draußen aufhielten. Egal, ob sie etwas angestellt hatten oder nicht.

Wir kamen wie gesagt gerade von unserer Milchlieferung und waren glücklich, einigen Kindern geholfen zu haben. Aber das interessierte die Polizei überhaupt nicht. Wilson schrie: ‚Henry, Achtung, der Scheinwerfer! Sie dürfen uns nicht sehen! Ab in die Büsche!' Er rannte los, vergaß aber in seiner Panik, dass ich blind war. Für einen Moment stand ich ratlos da. Dann wusste ich, was ich zu tun hatte. Ich konzentrierte mich auf die Geräusche, die Wilson beim Laufen machte, und hetzte ihnen hinterher. Ich hörte, wie er das schützende Buschwerk erreichte. Hier kannte ich mich gut aus und sprang hinein. Ich kam wieder auf die Beine und rannte durch Gestrüpp und Unterholz.

Plötzlich stolperte ich über eine Wurzel, knallte mit dem Kopf gegen den Baum und fiel zu Boden. Ich zerschnitt mir die linke Hand an einer zerbrochenen Milchflasche, die rechte Hand war aufgeplatzt. Wie sich später herausstellte, waren sogar mehrere Knöchel gesplittert. Aus verschiedenen Wunden spritzte Blut auf mein Hemd und lief mir lauwarm die Brust hinab. Ich stöhnte ganz leise vor Schmerz. Hätte ich geschrien, wären die Polizisten gekommen und hätten auf mich eingeschlagen. Ich lag am Boden, blind und blutend – und in der Nähe prügelnde Polizisten, die bereit waren, ihre Wut mit Knüppeln auf meinem Kopf auszulassen. Genau so hatte auch mein Alptraum ausgesehen! Würde er nun Wahrheit werden? Ich biss die Zähne zusammen, schluckte den Schmerz gemeinsam mit dem Blut herunter, das mir in den Mund lief. Ich schwieg, und die Polizisten verschwanden, ohne uns zu erwischen.

Mit Susan Bürgi aus der Schweiz

Als Wilson mich fand, trat er entsetzt zurück. Halb ohnmächtig lag ich da. Wilson stemmte mich hoch und stützte mich auf dem Heimweg. Mutter schrie, als sie mich sah, und unser Nachbar Peter fuhr mich sofort ins Krankenhaus, wo mich der Notarzt behandelte. Ich wunderte mich über mich selbst: Ich spürte die Schmerzen, aber von Depressionen keine Spur! Ich wollte jetzt meinen eingeschlagenen Weg weitergehen, wollte stärker werden und meiner Zukunft ein Ziel geben. Ich haderte nicht mit Gott, sondern dankte ihm, dass er mir die Kraft gegeben hatte, meine Schmerzen auszuhalten und nicht zu schreien."

Nicht einmal bei seinen Freundinnen klagt Henry, denn er weiß ganz genau: Petra und Regina würden versuchen, gegen die Polizei vorzugehen. Das möchte er verhindern, denn die beiden Frauen könnten gegen die Polizei nichts ausrichten und würden sich nur Ärger einhandeln.

Bei aller Freude bereitet es seiner deutschen Freundin fast schon körperliche Schmerzen, Henry die sich anbahnende Katastrophe beizubringen. Eine neue Entzündung des Sehnervs hat das Restlicht, das Henry noch wahrnehmen konnte, nahezu vollends ausgeblendet. Doch während Petra sich noch Gedanken darüber macht, wie Henry auf diese Nachricht reagieren wird, klopft der Patient ihr auf die Schulter und sagt: „Weißt du, Petra, das Lesen mit der Lupe ist wirklich mühsam. Ich möchte sowieso die Braille-Schrift lernen und mit meinen Händen lesen können. Davon habe ich einfach mehr. Ich trage sowieso immer meine geliebte Sonnenbrille auf der Nase – und durch die sehe ich gar nichts. Da brauche ich auch kein Restlicht. Es ist nicht so schlimm."

Die Mzungu aus Bonn muss sich erst einmal setzen und ganz tief durchatmen. Wenn doch in Afrika alles so einfach wäre! Henry ist immer für eine Überraschung gut! Nein, sie möchte ihren treuen Freund nicht mehr missen! Mittlerweile kommt Henry jeden Tag allein mit dem Bus oder zu Fuß in ihre Sonderabteilung der Augenklinik – und verbreitet dort die pure Fröhlichkeit! Aber Petra weiß ganz genau, dass Henrys Therapiestunden gezählt sind. „Henry war ein neuer Mensch geworden. Er hatte die Depression durchtaucht und galt bei uns als Entertainer. Das Aussehen und den Wortwitz dafür besaß er schon damals. Streiche spielte er gern – und bald hätten wir nicht mehr gewusst, wie wir ihn noch sinnvoll hätten therapieren können. Regina und ich debattierten viel, welche Aufgabe wir ihm zuschanzen sollten, denn uns war klar, dass er uns mit seiner Art helfen konnte. Aber demnächst würde ein anderer Blinder Henrys Therapieplatz bekommen. Jemand, dem es viel schlechter ging als ihm."

Was wird also aus Henry? – Die Antwort kommt schneller, als es sich Henrys Betreuerinnen träumen lassen. Sie erhalten eine

Nachricht vom 100 Kilometer entfernten Machakos Technical Institute: „Wir würden uns freuen, wenn Ihre Abteilung mit unserer Schule noch enger zusammenarbeiten könnte." Dieser Satz wird zu einem weiteren Meilenstein in Henrys Biographie. Im Machakos Technical Institute lernen Blinde, sich in der Gesellschaft ohne fremde Hilfe zu bewegen. Und sie erhalten dort die Möglichkeit, eine Berufsausbildung zu absolvieren. Dieses Kooperationsprogramm bietet beste Chancen!

„Henry", sagt Petra, „das ist das Richtige für dich! Du bleibst bei uns im Programm, wir zahlen dir die Schule und besuchen dich dort regelmäßig. Mal sehen, welche Ausbildung für dich in Frage kommt. Vielleicht gibt es ja eine Überraschung. – Was meinst denn du dazu?"

Machakos Technical Institute

Unterwegs durch die kenianische Natur. Henry sitzt hinten im Jeep. „Da läuft ein Zebra – und da ein Gepard!", kommentiert Petra das Schauspiel. Nur einen Steinwurf entfernt rennen die Tiere mit dem Wagen um die Wette. Die Überlandstraße, die große Verkehrsader zwischen Nairobi und Mombasa, führt mitten durch die Savanne. Eine wunderschöne Strecke – und eine gefährliche! Denn manche Löwen neigen dazu, sich den einen oder anderen unvorsichtigen Reisenden zu greifen und ihn der Großfamilie zum Mittag zu servieren. Aufgeregt schnalzt Henry mit der Zunge und fragt: „Wie weit sind die Tiere denn weg? Kann uns auch nichts passieren?" Petra und Regina lächeln: „Solange wir nicht aus dem Auto klettern, sind wir in Sicherheit."

Wenig später stoppt der Jeep vor dem Machakos Technical Institute. Am Tor wartet ein kräftiger Mann. In seiner rechten Hand hält er den langen weißen Stab. Henry klettert behände und neugierig aus dem Wagen, wobei er wieder mit der Zunge schnalzt. Er klappt seinen weißen Stock auf, und der kräftige Mann am Tor bewegt sich mit der Hilfe seines Stabes sicher in Richtung des geparkten Jeeps. Henry steuert auf das ihm bekannte Geräusch zu, wendet sich zu Regina und Petra und stellt überrascht fest: „So wie sich das anhört, bewegt sich eine blinde Person mit Stock auf mich zu." Petra hilft Henry aus seiner Irritation: „Du hast recht. Das ist Dominique. Ich habe schon mit ihm telefoniert. Er wird einer deiner Lehrer sein und ist von Geburt an blind."

In diesem Moment kreuzen sich die beiden Blindenstöcke und stoßen wie zur Begrüßung aneinander. Sekunden später schütteln die beiden Männer einander die Hände. Dominique stellt sich vor und lässt seinen neuen Schüler wissen: „Ich habe schon viel von dir gehört. Schön, dass du dich entschlossen hast, zu uns zu kommen! Ich glaube, wir werden viel Spaß miteinander haben! Falls deine beiden Freundinnen es dir noch nicht erzählt haben: Wir möchten dich gern in einem Beruf ausbilden, in dem du schon Erfahrung hast. Wenn du willst, kannst du bei uns Schuhmacher werden."

Das also war die angekündigte Überraschung. Henry antwortet, wie es so seine Art ist: „Vielen Dank, das ist ja super! Das mache ich gern!" Dann nimmt er Petra und Regina in den Arm. Dominique flößt seinem neuen Schüler gleich Selbstvertrauen ein: „Ich habe von deinem Ausflug nach Subukia gehört. Sehr mutig, Henry! Aber du stammst ja auch aus einer Kriegerfamilie! Und du warst schon vor deiner Erblindung Schuhmacher, nicht wahr? Für mich eine ganz neue Erfahrung! Ich bin blind und unterrichte blinde Menschen in verschiedenen Berufen. Aber einen Schuhmacher, der das Schuhmacherhandwerk als Blinder zum zweiten Mal erlernt, hatte ich noch nie. Ich kann sicher einiges von dir lernen!" Henry strahlt: „Ich bin auch schon ziemlich neugierig. Ich freue mich auf die Aufgabe!" Und dann fügt er hinzu: „Man hilft eben, wo man kann." Henry wird sein schelmisches Wesen am technischen Institut nicht ablegen.

Beim Teetrinken lernt Henry andere Schüler kennen: Blinde, gelähmte und einbeinige Männer und Frauen in Rollstühlen und an Krückstöcken, aber auch einige ohne Handicaps. Plötzlich zuckt Wanyoike zusammen: „Tag Henry, schön, dich ausgerechnet hier zu treffen!" An diese Stimme erinnert er sich nur zu gut. Zum zweiten Mal steht völlig überraschend jener fremde Mann vor ihm, der seiner Seele so nahe kam und ihm im Garten seines Hauses Mut und Trost spendete. Henry braucht ein paar Sekunden, um sich zu sammeln: „Was machst du denn hier?"; will er wissen. Er freut sich, dass der Fremde, der sein Denken vor Monaten so stark beeinflusst hat, ausgerechnet auf diese Schule geht. Der Fremde heißt Simon und wird fortan Henrys Vertrauter und Ratgeber – und sein Liebesbriefschreiber.

Schon in der ersten Nacht schläft Henry ausgezeichnet. Er fühlt sich wohl, sein Lehrer Dominique ist immer für ihn ansprechbar, sein neuer Freund Simon auch. Die beiden unterhalten sich bis tief in die Nacht – und auch Simon freut sich, noch einmal auf Henry zu treffen. Damals hatte er von Wanyoikes Schicksal gehört, befand sich zufällig in der Nähe und suchte Henry auf. „Dein Besuch löste bei mir ein Umdenken aus", bedankt sich Henry und tastet nach Simons Hand.

Am kommenden Tag beginnt der Schulalltag. Um 6.30 Uhr Wecken, danach Waschen und Frühstück. Von acht bis zehn Uhr lernt Henry die Braille-Schrift. Schon nach ein paar Tagen kann er ganze Sätze fühlen. Er strengt sich an, konzentriert sich auf seine Arbeit und unterstützt andere Schüler, die nicht so schnell vorankommen. Lehrer Dominique hört Henry auch in der halbstündigen Pause noch ermutigend auf seine Mitschüler einreden. Dafür versorgen sie ihn mit köstlich süßem Tee und einer Extraportion Milch. Und sie wollen einiges über ihn wissen. Dass der gerne und bereitwillig Auskünfte erteilt, das haben sie schon gemerkt.

Nach der Teestunde rücken Psychologen der Seele der jungen Leute näher. „In der Gruppentherapie besprachen wir, auf welche Weise wir erblindeten. Die Gruppen setzten sich aus Schülern mit gleichen oder sehr ähnlichen Behinderungen zu-

*Das einzige Tandem in Kenia –
mit Benjamin auf der Fahrt zum Training*

sammen. Stundenlang erzählten wir uns gegenseitig, wie es zu unserer ewigen Dunkelheit gekommen war. Und wie wir es geschafft haben, damit zurechtzukommen, was die ersten Maßnahmen waren – und wie wir unser Leben weiterhin meistern wollten."

Diese Gruppentherapie wird schon bald zu einem wichtigen Bestandteil von Henrys eigener Heilung: „Was haben meine Mitschüler nicht alles für Geschichten erzählt! Von schweren Unfällen mit langem Koma und dauerhaften Behinderungen zusätzlich zu ihrer Blindheit. Vom Aufwachsen als immer hungriges Waisenkind unter den erbärmlichsten Bedingungen. Erstaunt hörte ich, dass man schlimmer leben kann, als in den Kikuyu-Slums. Eine Schülerin erzählte, dass sie von ihrem Vater oft brutal geschlagen wurde. Er drosch so lange auf sie ein, bis ihre Knochen brachen. Irgendwann schlug er ihr mit einem Knüppel auf den Kopf. Und als sie wieder aus dem Koma erwachte, war sie blind. Bei fast jeder Geschichte musste ich weinen – und ich habe sehr schnell begriffen, wie sehr mein Freund Simon damals Recht gehabt hatte."

In den ersten Tagen seines Aufenthalts am Machakos Technical Institute trifft Henry eine Vereinbarung mit sich selbst: „Nie mehr werde ich undankbar über mein Schicksal sein. Ich werde nicht mehr mit Gott hadern. Wie sollte ich das auch können, wenn ich höre, was mit den anderen Menschen hier passiert ist?"

Dankbar nimmt Dominique zur Kenntnis, dass Henry über eine enorme soziale Kompetenz verfügt. Er wiederholt nicht nur den Unterrichtsstoff mit seinen Mitschülern, sondern bemüht sich auch darum, die Blinden, die es bitter nötig haben, zu trösten. Wir treffen Dominique während eines Seminars über Behindertensport in Nairobi. „Einen Schüler wie Henry habe ich nie wieder gehabt. Eigentlich zählte er mehr zu uns, den Pädagogen. Er hat soviel gegeben! Wenn die Leute lachen wollten, dann scherzte Henry. Und er spürte, wenn es darum ging, einfach nur zuzuhören, weil sich die Freunde etwas von der Seele reden wollten."

Henry nimmt und gibt an seiner neuen Schule. Er lernt, was man alles mit dem weißen Stab machen kann. Und wie man mit der Sohle die Beschaffenheit des Bodens testen kann, ob er eben ist oder nicht, ob es bergauf oder bergab geht. Wichtige Fragen, die geklärt sein müssen, um die Probleme der täglichen Fortbewegung zu bewältigen.

Noch heute ist Henry begeistert über seine Lehrzeit: „Niemals hätte ich es für möglich gehalten, welche Tricks man anwenden kann, um den Alltag besser zu bewältigen. Im Geräuschtraining konnten wir etwa erfahren, dass wir aus dem Flüstern der Blätter entnehmen können, woher der Wind weht und wann Regen kommt, dass Gefahr im Verzug ist, wenn die Vögel in den Bäumen lärmen oder wegfliegen. Ganz langsam lernten wir, andere Sinne zu aktivieren und sie bei Bedarf auf Hochtouren laufen zu lassen. Die Lehrer zeigten uns, wie wir mit der Zunge Speisen und Getränke testen konnten. Wir kehrten zu den Anfängen unseres Lernens im Kindesalter zurück. Und wir lernten schnell, zunächst allerhand Alltagstätigkeiten. Zu den wichtigen Weisheiten, die wir in die Praxis umsetzen mussten, zählten: Unser Körper ist mit vielen Orientierungshilfen ausgestattet, die sich an ihm, aber auch in ihm befinden. Oder: Du musst auf etwas zugehen. Dein höchstes Ziel soll es sein, dass nicht das Glas zuerst deine Finger berührt. Nein, deine Finger müssen zuerst das Glas berühren."

Woher weiß Henry, dass ein Glas voll ist, wenn er mir Wasser einschenkt? Er hört das – und liefert die Erklärung gleich mit: „Wenn ich beginne, das Wasser einzugießen, dann entsteht ein lautes, gurgelndes Geräusch. Je mehr ich einschenke, desto leiser wird es. Übrigens liegt darin ein wesentliches Prinzip im Leben eines Blinden: den Umkehrschluss ziehen. Daran kann ich mich orientieren. Hilfreich ist es, wenn ich zuvor die Größe des Glases abgetastet habe." Wie kann man Geldscheine voneinander unterscheiden? „An der Größe natürlich, das ist gar nicht so schwer", meint er. Trotzdem legte man ihn einmal rein. Henry kaufte Obst und bezahlte mit einem großen Geldschein. Die kleinen Scheine, die er in die Hand bekam, waren selbstgemachte, deren Größe der der Originalscheine entsprach. „Damals zogen Ganoven durch Kenia, die man die ‚Blindenbande' nannte. Sie hauten viele meiner Leidensgenossen übers Ohr, und unsere Polizei erwischte sie nie, so dass die Bande weiter quer durch Afrika ziehen konnte. Mir war das eine Lehre. Nie mehr zahle ich mit größeren Scheinen. Und sollte ich trotzdem welche dabei haben, ziehe ich einen Bekannten zu Rate." Und wie schafft es Henry, nicht ständig irgendwo anzustoßen, wenn er sich ohne Stock bewegt? Bei einem Tisch zum Beispiel liegt das Geheimnis in der Kante. „Man muss sich immer zuerst zu den Ecken vortasten. Von dort aus ist es wesentlich leichter, sich am ganzen Tisch zu orientieren."

Der erste männliche Strickmeister

Seine Lehrer verblüfft Henry damit, dass er nach wenigen Tagen die Machete schneller schwingt als sie. Und wenn es gilt, ein Feuer zu machen, lässt sich Henry von niemandem übertrumpfen. „Meine Lehrer trafen sich abends manchmal nur, um mir beim Lagerfeuermachen zuzusehen und zu lernen", sagt Henry stolz. Sein Freund Kim, der in Kikuyu im Haus nebenan wohnt, merkt an: „Unglaublich, mit welcher Geschwindigkeit er die Machete durch die Luft sausen lässt, das Holz zerkleinert und ansteckt." Diese Fähigkeiten demonstriert Henry uns mehrmals, wenn wir draußen sitzen. Abends, eine halbe Stunde vor der Essenszeit, beginnt unser Freund zunächst mit leichter Holzfällertätigkeit. Darauf rafft er die Klafter zu einem kleinen Turm zusammen, Streichhölzer trägt er in der Tasche. Ein Span glimmt, Henry pustet geschwind von mehreren Seiten – und schon knistert das Lagerfeuer. „Wie war das?", ruft Henry nach Demonstrationen dieser Art – und wir stehen da und kratzen uns am Kopf. „Wie macht der das nur…?"

An der Schule für technische Berufe erhält Henry für seine Fähigkeiten schon früh Beifall. Dominique freut sich für seinen Schüler und ermutigt ihn, mehr Verantwortung zu übernehmen. Wenig später wird er zum neuen Klassensprecher gewählt. Henry lernt und lehrt, er lacht und liebt das Leben. Er ist am richtigen Platz.

Eines Abends, Henry entzündet gerade das Lagerfeuer, klopft ihm Dominique sanft auf die Schulter: „Sag mal, mein Junge", beginnt er, „hast du dir schon einmal überlegt, was du machen willst, wenn du hier fertig bist? Lange wird das nicht mehr dauern. Du lernst schnell, du willst weiter. Und da du schon eine Ausbildung zum Schuhmacher hinter dir hast, werden wir dir für diesen Job nicht mehr allzu viel beibringen müssen. Ich habe mir einmal deine Akte angesehen. Du hast doch Petra erzählt, dass du Läufer werden möchtest. Ich glau-

An der Strickmaschine – der erste blinde Strickmeister des technischen Instituts von Machakos

be, du kannst das schaffen, auch als Blinder. Denn du hast einen starken Willen. Überleg dir das einmal."

Henry ist erstaunt. Wieder nimmt ihn dieser blinde Lehrer ernst und glaubt an ihn. „Als Dominique mir diesen Rat gab, hatte ich eine Vision: Ich stand auf einem Podest und küsste voller Inbrunst eine Goldmedaille. Das war merkwürdig, denn sonst sehe ich sehr selten Bilder vor mir. Meist werde ich nervös, wenn sie sich vor meinem geistigen Auge formen, und die Nervosität sorgt dafür, dass die Bilder schnell wieder verblassen."

Nach außen gibt sich Henry selbst Dominique gegenüber gelassen und dankt ihm für seine guten Ratschläge, doch insgeheim beschließt er, bald mit dem Lauftraining anzufangen.

Am darauffolgenden Tag beginnt Henrys Ausbildung zum Schuhmacher. An viele Handgriffe erinnert er sich noch; da er aber nicht mehr sieht, was er tut, muss er vieles neu lernen. Andererseits: Henry hat sich schon immer mehr als Geschäftsmann denn als Schuhhändler verstanden. Das verleiht ihm zwar in der Schule eine gewisse Selbstsicherheit, scheint aber seiner Konzentration zu schaden. Nur so kann Henry sich erklären, was nach zwei Wochen Ausbildung passiert: Ein Messer rutscht aus, und Henry schneidet sich knöcheltief in die Finger. „Ich habe vielleicht gebrüllt! Das Blut spritzte in solchen Strömen, dass ich an seinem Schwall den Rhythmus meines Herzens spüren konnte. Und ich bekam Angst, dass es bald gar nicht mehr schlagen würde. Panisch schrie ich um Hilfe. Dann sackte ich ohnmächtig zusammen."

Als Henry wieder aufwacht, fühlt er seine dick bandagierte linke Hand. Der Kopf schmerzt, weil er beim Umkippen mit dem Schädel zuerst auf dem Boden aufschlug. Aber der Schlag auf den Hinterkopf scheint in Henry einen schlummernden Gedanken geweckt zu haben. „Schon vor dem Unfall hatten mich diese großen Maschinen in der Werkstatt nebenan interessiert. Mehrmals war ich an ihnen entlanggestrichen – und nicht nur, weil Mädchen daran gesessen waren, mit denen ich gern flirtete. Ich erkundigte mich bei Dominique, um was für Maschinen es sich denn handelte. Der klärte mich auf: Strickmaschinen, womit man Pullover, Mützen, Kleider und all das produzieren kann. Aber das ist nichts für dich, das lernen bei uns nur die Mädchen." Henry erhebt sich vom Krankenlager, fasst sich an den brummenden Schädel und schlendert langsam zur Strickabteilung hinüber. Er plaudert mit den Strickerinnen und sagt zum Abschied: „Henry strickt demnächst mit euch um die Wette."

Die Mädchen kichern, und Henry arbeitet sich schnurstracks ins Lehrerzimmer vor. Dort erklärt er dem anwesenden Kollegium: „Ich bin zwar auf den Kopf gefallen, der Sturz hat aber keine bleibenden Schäden hinterlassen. Und so möchte ich meinen Lehrern mitteilen, dass ich in Zukunft keine Schuhe mehr herstellen werde, sondern Pullover." Stille rundum. „Ist das jetzt ein Scherz?", fragt einer der Ausbilder. Doch Henry schweigt, wodurch er die Pädagogen umso mehr verunsichert. Dominique jedoch weiß, worauf Henry hinauswill, und erklärt seinen Kollegen: „Henry hat seinen eigenen Kopf. Seine Leistungen sind in allen Fachbereichen ausgezeichnet, und ich fürchte, vor uns steht der erste angehende Strickmeister unserer Schule." Henry nickt und schüttelt jedem der Anwesenden freudig die Hand. Kopfschüttelnd gehen die Lehrer in ihre Klassen zurück und verbreiten die Neuigkeit. Auf dem Schulgelände macht die Nachricht die Runde: „Henry lernt stricken!" In der nächsten Pause ertönen schon die ersten Frotzeleien. Einer der Mitschüler fragt, ob er ihn jetzt Henriette nennen soll. Aber Henry lacht bloß über den mehr oder weniger gelungenen Witz und gibt schlagfertig zurück: „Gute Schuhmacher gibt es in Kenia genug, gute Strickmeister aber nur wenige. Ich werde gut sein, egal, was ich mache, das steht fest!"

Am folgenden Wochenende fährt Henry mit dem Überlandbus nach Hause. Seine Mutter und Beatrice freuen sich – und auch die Kuh. Abends besucht Henry Petra und Regina. Beim Essen erzählt er von seinen Fortschritten, auch von seinem Unfall, und er gibt zwei wichtige Entscheidungen bekannt: „Meine Damen", holt Henry aus, wobei er sich theatralisch verbeugt, „keine Angst, ich will nicht etwa heiraten; aber ich werde eine Ausbildung zum Strickmeister absolvieren. Außerdem werde ich am Montag mit meinem Lauftraining beginnen".

Petra und Regina holen tief Luft und prusten los. „Henry, das mit dem Strickmeister ist doch ein Scherz, oder?" Henry schweigt. Und das tun die beiden Frauen jetzt auch. Regina nimmt Henry am Arm. „Hast du dir das auch gut überlegt?", insistiert sie. „Das ist doch nach Meinung der Leute hier ein Job für Mädchen; die Ausbildung wird dir nur Hohn und Spott einbringen." Aber die Therapeutin erkennt bereits, dass Henrys Entschluss feststeht. So bemerkt Regina nur: „Ich sehe, dass du das durchziehen willst. Stark genug bist du ja inzwischen." Petra erspart sich jeglichen weiteren Kommentar und wünscht Henry: „Viel Kraft beim Training! Das mit dem Laufen gefällt mir ausgezeichnet! Wir unterstützen dich dabei." Henry nickt, und dann essen und schwatzen sie bis tief in die Nacht hinein.

Am nächsten Tag lernen die Damen, was Henry unter einem eisernen Willen versteht. Kaum ist die Sonne aufgegangen, weckt er Petra und teilt ihr mit, dass er nun losläuft. „Wohin?" – Den Frühaufsteher überrascht die Frage: „In meine neue Schule, wohin sonst? Ich habe das Training schon einen Tag früher aufgenommen." Petra ist entsetzt: „Aber Henry, das sind fast hundert Kilometer – und du bist nahezu blind!" Henry hält dagegen: „Ich bin Wanyoike, der tapfere Krieger, und will ein international bekannter Läufer werden. – Was sind schon hundert Kilometer?"

Zum Glück gelingt es Petra mit Reginas Hilfe, Henry von seinem Vorhaben abzubringen. Als sie ihren Ziehsohn in den Bus nach Machakos setzen, nimmt der ihnen ein Versprechen ab: „Erzählt Mutter und Beatrice bitte nicht, dass ich Strickmeister werde. Das wäre ihnen nicht recht, um es einmal vorsichtig auszudrücken." Die beiden Freundinnen versprechen ihm schmunzelnd, nichts zu verraten und verabschieden Henry mit den Worten: „Da können sie sich in deiner Schule bedanken, wenn du jetzt mit dem Laufen beginnst. Du wirst sicher für Aufregung sorgen!"

Kaum zurückgekehrt, berichtet Henry Dominique von seinen erwachten leichtathletischen Ambitionen. Und dabei wird er nicht müde, sein künftiges Lieblingsmotto zu wiederholen: „Irgendwann stehe ich oben mit einer Goldmedaille an der Brust, und dann heißt es: Sieger und neuer Weltrekordhalter Henry Wanyoike, Kenia." Allmählich wächst in Dominique die Ahnung, dass Henry sein Vorhaben wirklich in die Tat umsetzen könnte. Eine Vermutung, die schon ein paar Stunden später neue Nahrung erhält. Lange vor Sonnenaufgang reißt das Geschnatter der schuleigenen Gänse Dominique aus den Federn. Die Tiere veranstalten ein derartiges Spektakel, dass Lehrer und Schüler aus ihren Schlafsälen strömen und sich vor dem Tor versammeln.

Einige Wächter suchen mit Taschenlampen das Gelände ab. Warum die Gänse einen solchen Krawall veranstalten, weiß niemand. Es muss ungewohnte Bewegungen auf dem Gelände gegeben haben. Zu allem Überfluss schreckt auch der Hahn des Instituts aus dem Schlaf und beginnt zwei Stunden zu früh mit seinen Weckrufen. Eine der Wachen läuft aus dem Schlafsaal der jungen Männer herbei: „Henry ist verschwunden!" Sekunden später brüllt ein Lehrer: „Peter auch! Wo sind die beiden Rabauken nur hin?" Noch heute lachen der blinde Pädagoge und der schnellste blinde Marathonmann der Welt um die Wette, wenn sie an jenen Morgen zurückdenken. „Damals ballte ich zuerst vor Wut die Fäuste. Mir war sofort klar, was passiert war. Aber ich wollte keine langen Erklärungen: ‚Alles in Ordnung, geht wieder in eure Schlafsäle. Ich weiß schon, wo sie sind.' Ein paar Lehrer weihte ich ein; und dem Direktor erstattete ich am Vormittag Rapport."

Als Henry kurz vor dem Frühstück erschöpft und mit zerschundenen Knien wieder ins Schulgelände einläuft, kräht der Hahn noch immer. Dominique wartet vor dem Schlafsaal der beiden Filous und zieht ihnen beim Eintreffen die Ohren lang. Henry bittet darum, erst ein paar Minuten später bestraft zu werden, damit er zuvor seine wunden Knie verarzten kann. Dominique übernimmt die Aufgabe des Sanitäters und wird in diesem Moment zum Partner des kleinen Trainingsteams.

Am Abend gehen Henry und sein geistiger Vater spazieren. Offiziell ermahnt Dominique seinen Schüler, gleichzeitig aber lobt er ihn: „Du besitzt Talent beim Stricken, das sieht man. Und da du dir diese Ausbildung gewünscht hast, musst du sie jetzt auch durchziehen! Außerdem kannst du gerne ins Lauftraining einsteigen, aber nicht mehr mitten in der Nacht! Lass die Gänse, den Hahn und uns alle in Ruhe schlafen! Das ist auch für dich und Peter das Beste." Henrys Antwort verblüfft den Erzieher: „Wir werden ganz bestimmt keine nächtlichen Ausflüge mehr unternehmen. Wir sind doch nicht lebensmüde! Peter ist zwar ein Schüler ohne Handicap und ein guter Läufer, aber im Dunkeln findet er sich überhaupt nicht zurecht! Er ist auch öfter hingefallen und hat sich wehgetan. Das gibt er bloß nicht gerne zu." Diese Antwort genügt. In den kommenden Tagen erweckt Henry den Eindruck, trainingsverrückt zu sein. Lange vor dem Frühstück erscheint er an den Betten aller lauffähigen Mitschüler zum Morgenappell. So formiert sich allmählich ein angestammtes Trainingsteam. Allerdings ist Henry der Einzige von ihnen, der täglich auf die Piste geht; seine Begleiter – auch von außerhalb – wechseln sich lieber ab.

Es dauert etwa einen Monat, bis Henry Sicherheit und Orientierung auf den Strecken gefunden hat. Eines Tages erfährt Dominique, Henry habe sich eine Taschenlampe besorgt. Er fragt ihn, was er damit will, erhält aber keine richtige Antwort. Nachts legt sich der Pädagoge mit einem Kollegen neugierig auf die Lauer. „Schon bald ortete mein Freund einen Lichtschein. Er nahm mich bei der Hand, und gemeinsam schlichen wir durch die Bäume darauf zu. Der Kollege flüsterte: ‚Da sind die Jungs! Die machen sich bei den Gänsen zu schaffen. Sie werfen ihnen etwas hin. Was machen sie nur?' Ich musste lachen: Was für schlaue Burschen! Bevor sie abhauen, füttern sie die Gänse, damit die keinen Krawall schlagen. Und schon waren die beiden im Gestrüpp verschwunden."

Zwei Stunden später setzt sich Dominique zu Henry und fragt ganz nebenbei, was er denn letzte Nacht geträumt habe. Er selbst, fügt er hinzu, habe einen äußerst merkwürdigen Traum gehabt. Vielleicht könne ihm Henry ja bei dessen Deutung helfen. Es handle sich dabei um ein Theaterstück mit Taschenlampe. Henry beginnt mit der Zunge zu schnalzen, fragt aber trotzdem frech: „Wie kann ich dir da helfen?" Dominique fährt fort: „In meinem Traum sind zwei Burschen nachts mit einer Taschenlampe umhergeschlichen, haben Gänse gefüttert, und dann waren sie plötzlich aus meinem Traum verschwunden. Komisch, nicht?"

Noch heute ist Henry aufgeregt, wenn er sich an dieses Gespräch erinnert: „Da stand mir das Wasser bis zum Hals! Dominique wusste Bescheid! Wenn er uns verraten hätte, wären wir vielleicht von der Schule geflogen – und Gott allein weiß, was aus mir geworden wäre." Aber Dominique schweigt. Im Vorbeigehen ruft er Henry zu: „Pass auf dich auf, wir sehen uns heute Nachmittag in der Therapiestunde." Und heimlich steckt er Henry Batterien zu: „Die kannst du wohl brauchen. Man hilft, wo man kann", sagt er sanft.

Beim Strickunterricht unterstützt der handwerklich begabte Musterschüler Wanyoike inzwischen seine Klassenkameradinnen. Dafür umschwärmen ihn die Mädchen, und Henry ist der Hahn im Korb. In den Pausen erzählt er seine Geschichten von großen Siegen als Läufer während seiner vergangenen Schulzeit – und dass er bald Gold für sein Land holen werde. Dann würde er im ganzen Land bekannt werden, das verstehe sich von selbst.

Als beim Stricken die filigrane Arbeit beginnt, wundert sich Dominique, weil Henry ziemlich still geworden ist. Zum ersten Mal während seiner Karriere in Machakos gerät er in Schwierigkeiten, denn die feinen Fäden wollen in seinen Händen nicht so wie er. „Da erlitt ich nach vielen erfolgreichen Monaten einen herben Rückschlag. Es konnte doch nicht sein, dass diese Fäden mir nicht gehorchen wollten." Die Mädchen haben wieder etwas zu lachen – nur dass diesmal keiner von Henrys charmanten Scherzen die Ursache ist. Und das wurmt ihn so sehr, dass er seinem sportlichen Frühprogramm einen gehörigen Wandel erteilt. Ein paar Wochen lang läuft er nur noch jeden zweiten Tag. In der Zwischenzeit schleicht sich Henry morgens vor Sonnenaufgang ins Klassenzimmer und absolviert ein Stricktraining: wie die Socken eine prima Ferse bekommen oder die Fäden leichter in die Öse rutschen. An diese Phase seiner Ausbildung erinnert sich Henry nicht so gern: „Es dauerte länger als einen Monat, bis ich das richtig drauf hatte."

Und schon bald erlebt Henry eine weitere unangenehme Überraschung: Gladis taucht ganz unerwartet am Wochenende auf! Da sie die alleinige Ernährerin der Familie ist, kann sie Henry nicht oft besuchen. Und der hat ihr schon ein paar Mal geplante Besuche ausgeredet. Er habe zu viel zu lernen, und am Wochenende seien Klassenarbeiten angesetzt. „Mama dachte ja noch immer, dass ich den ehrenwerten Beruf des Schuhmachers neu erlerne und vielleicht mein Geschäft am Uhuru-Markt in Nairobi wieder eröffnen kann. Wie sollte ich ihr nur beibringen, dass ich am Ende meiner Schulzeit nicht Schuster, sondern Strickmeister sein würde? Das würde ihr gar nicht gefallen. Ganz sicher nicht. Also musste ich erst einmal schweigen und meine Mitschüler und Mitschülerinnen bitten, mich nicht zu verraten. Petra und Regina hatten schließlich auch nichts gesagt."

„Mama!" – Überschwänglich nimmt Henry seine Mutter in den Arm. Zunächst führt er sie in die Schuhwerkstätte, danach statten sie Dominique einen Besuch ab, der sich zwar über Henrys ausgezeichnete Leistungen auslässt, seine Lobrede aber eher allgemein formuliert, ohne auf Henrys handwerkliche Fähigkeiten einzugehen. Das haben Lehrer und Schüler vorher so abgesprochen – für alle Fälle. Als die Mutter ein paar Schuhe „Made by Wanyoike" sehen möchte, erfährt sie, dass der Werkschrank am Wochenende immer abgeschlossen ist. Während des Mittagessens lobt die Mutter ihren Sohn und erzählt ihm, wie sehr ihn zu Hause alle vermissen. Auch die Schwester, die Freunde und – last not least –

die Kuh. Auf dem anschließenden Verdauungsspaziergang hört Henry schon von weitem das Geplapper einiger Mädchen. Bitte nicht die aus meiner Klasse, denkt er noch und will umkehren, da ruft schon eine Stimme nach ihm: „Hallo Henry, hier sind wir!"

Gladis stutzt und steuert neugierig auf die Schülerinnen zu. Sollte sie womöglich heute ihrer zukünftigen Schwiegertochter gegenüberstehen? „Sie zog mich mit sich, und mir war klar, was jetzt kommen würde. Meine Mutter stellte sich vor, und sofort plapperten die Mädels los, ihr Sohn sei ja so mutig. Meiner Mutter gefiel dies sichtlich, immerhin streichelte sie mir zu diesem Zeitpunkt noch über den Kopf. Doch das sollte sich bald ändern, denn nun ging es weiter: ‚Dass Henry sich traut, mit uns Mädchen in eine Klasse zu gehen!' Mit einem ganz speziellen Unterton fragte meine Mutter nach: ‚Wieso traut er sich? – Wie meint ihr das?' Und da platzte es heraus: ‚Welcher Junge lernt denn freiwillig stricken?' Eines der reizenden Mädchen fügte noch hinzu: ‚Besonders, wenn man den Namen eines tapferen Kriegers trägt, ist das schon sehr ungewöhnlich.' Am liebsten hätte ich ihr den Hals auf der Strickbank gestreckt. Meine Mutter, alles andere als begriffsstutzig, verstand die Sachlage sofort! Laut schimpfend zog sie mich an den Haaren, zeterte noch eine ganze Weile weiter und rauschte davon. Die Decke, die ich für sie gestrickt hatte, wollte sie nicht annehmen."

Für Henry bedeutet diese Auseinandersetzung einen noch größeren Ansporn. Er ist schließlich nicht nur der erste männliche Vertreter der hohen Zunft der Strickerei hier in Machakos, er erhält mittlerweile in diesem Fach auch die besten Noten. Dominique kommentiert stolz: „Auch auf diesem Feld übernahm Henry eine echte Vorreiterrolle. Hielt man es vorher in Machakos für undenkbar, dass ein Mann Stricker wird, standen, als Henry die Schule verließ, immerhin schon drei männliche Auszubildende an den Maschinen."

5. August, Nairobi

Auch seine sportlichen Fähigkeiten kann Henry in Machakos enorm steigern. Paradoxerweise fällt diese Tatsache zunächst unangenehm auf. Unmut macht sich im Team breit, denn keiner will mehr mit Henry laufen. Nein, es liege nicht an der frühen Stunde, sagen die Läufer, vielmehr an Henry selbst! Allerdings habe es nichts mit seinem Charakter zu tun – sondern mit seinem Tempo! Keiner der jungen Männer ohne Handicap in Machakos kann mithalten! „Henry ist zu schnell, er macht uns fertig", gestehen sie Dominique. Der will das zuerst nicht glauben, bis er die Truppe bittet, doch einmal tagsüber gegeneinander anzutreten. Dominique lädt einen befreundeten Lauftrainer dazu ein und bittet ihn um seine Stellungnahme. Der Coach, sichtlich beeindruckt von Henrys Leistung, will zunächst nicht glauben, dass Henry blind sein soll. Als er geht, verspricht er, Henry einen guten Trainingspartner zu schicken. Vor allem aber, sich wieder zu melden.

Er hält sein Versprechen, und um den 1. August herum kommt der Coach mit einem überraschenden Angebot nach Machakos zurück. Er nimmt Henry beiseite und fragt: „Hast du Lust, am 5. in Nairobi im Lauf über 5000 Meter zu starten?" Auf Henrys Frage, was das für ein Rennen sei, antwortet er: „Es ist die Qualifikation für die Paralympics in Sydney – und ich habe gehört, dass einige Läufer verletzt sind und nicht an den Start gehen. Ich denke, du hast eine Chance."

Henry schwirrt der Kopf. „Was, ich?" Und gezwungen höflich fragt er: „Kann es sein, dass Sie mich auf den Arm nehmen wollen? Mit blinden Menschen treibt man keine Späße!" Henry wird beinahe böse. Als Dominique hinzukommt, wiederholt der Trainer seine Anfrage, und der Lehrer antwortet: „Ich glaube, Henry hat Lust teilzunehmen."

Henry braucht Urlaub. Sein Herz rast, er springt über den Vorplatz der Schule, packt seine Sachen zusammen und verabschiedet sich von Dominique: „Ich muss jetzt schnell zu Petra und Regina! Die glauben mir das nie!" Bevor Henry sich in den Bus schwingt, ruft ihm Dominique zu: „Denk daran, du läufst auch für uns, für die Schule, deine Lehrer und deine Mitschüler!"

Im Bus jubelt Henrys Herz. Nach wenigen Minuten gibt es niemanden mehr im Fahrzeug, der nicht weiß, dass Henry Wanyoike aus Kikuyu, ein blinder junger Mann, derzeit Schüler am Machakos Technical Institute, an der Qualifikation zu den Olympischen Spielen für Menschen mit Behinderung teilnimmt.

Petra und Regina wissen das noch nicht, Henrys Mutter auch nicht. Aber zuerst fährt Henry zu seinen Freunden und berichtet voller Stolz über den bevorstehenden Start. Er schmunzelt: „Sie dachten fast alle, jetzt hat's den Wanyoike endgültig erwischt! Einige meinten, es würde schon wieder werden. Da platzte mir der Kragen, und ich brüllte: ‚Was fällt euch ein? Macht euch nur lustig, ihr werdet schon sehen!' Andere glaubten mir. Sie waren stolz auf mich und versprachen, mich nach Nairobi zu begleiten. Zu Petra und Regina ging ich erst am Tag vor dem Wettkampf."

Die beiden freuen sich über den unerwarteten Besucher. Anfangs gibt sich Henry äußerst geheimnisvoll. Verdienten Sonderurlaub habe er erhalten, und beide sollten in den kommenden Tagen, besonders am 6. August, unbedingt in den Sportteil der Zeitungen schauen. Petra und Regina wundern sich, wissen nicht, was das zu bedeuten habe. Endlich fragt Petra: „Ist alles in Ordnung? Warum bist du nicht in der Schule?" Da platzt Henry heraus: „Ich starte bei der Qualifikation für die Olympischen Spiele über 5000 Meter."

Schweigen. Vermutlich überlegen beide für einen kurzen Moment, ob sie Henry nicht lieber stationär einweisen sollten. Aber da zieht er das gefaxte Einladungsschreiben aus der Tasche. Und darauf steht tatsächlich, dass Mr. Henry Wanyoike, der das Machakos Institute besucht, zu einem Qualifikationslauf in Nairobi eingeladen ist. Beide Frauen jubeln! Und Petra sagt, sie werde gleich ihre Mutter, die sich ständig nach Henry erkundigt, anrufen und ihr von seiner großen Leistung erzählen. Vorsichtig fügt sie hinzu, er solle nicht traurig sein, falls es nichts werde. Er sei doch schon so weit gekommen.

Henry wäre nicht Henry, würde er jetzt nicht antworten: „Wieso soll ein zukünftiger Gewinner traurig sein – und grüß deine Mutter von mir." Später marschiert er siegesgewiss nach Hause. Von weitem schon hört er die Kuh brüllen. Henry freut sich auf seine Mutter und Beatrice. Dass die ihm auch nicht glauben werden, kann er sich denken. Also hackt er erst einmal Holz und füttert die Kuh mit Mais. Vor allem Beatrice will nicht in den Kopf, was sie im Garten sieht: Ihr blinder Bruder macht sich dort nützlich, macht Brennholz zurecht und zerteilt Viehfutter mit der Machete: „Unglaublich, was du alles kannst", lobt ihn die Schwester vor dem Schlafengehen. Doch er antwortet nur: „Da kommt noch eine Menge nach."

Am nächsten Morgen begibt sich Henry auf den Weg nach Nairobi. Bereits seit einigen Tagen geht ihm die Kleiderfrage im Kopf herum. „Was soll ich beim Ausscheidungslauf anziehen? Ich habe keine Sporthose und kein Trikot – und Laufschuhe schon gar nicht." Wieder einmal muss er sich einer List bedienen. Er hat seine einzige Sonntagshose und sein weißes Hemd dabei. Und so sitzt der angehende Strickmeister mit einer Schere aus Machakos im Bus nach Nairobi und schneidet die langen Hosenbeine über dem Knie ab. Den Saum näht er fein säuberlich um. Ähnlich verfährt er mit seinem weißen Hemd, Kragen und Ärmel werden gestutzt. Ein bisschen gleicht er in seinem selbst zurechtgeschneiderten Laufdress den deutschen Nationalspielern, die 1954 in Bern Fußballweltmeister geworden sind.

Und ähnlich wie im Berner Wankdorf-Stadion ereignet sich auch an diesem 5. August 2000 ein Wunder in der kenianischen Sportgeschichte. Henry erzählt: „Fünfzehn Männer gingen an den Start. Mir wurde erst kurz zuvor ein Führungsläufer zugeteilt, und wir einigten uns auf die Kommandos, die ich mit dem Strick, der uns verband, erteilen sollte, falls mir der Atem ausging. Einige Trainer fragten mich: ‚Wer bist du? Dich haben wir ja noch nie gesehen!' Andere spotteten: ‚Ziemlich ausgefallener Dress!' Das verunsicherte mich, andererseits wollte ich jetzt erst recht zeigen, wie stark ich bin. Also rief ich ihnen zu: ‚Mein Name ist Wanyoike, Henry Wanyoike. Ich komme aus Kikuyu. Ihr werdet mich nicht vergessen.' Einige lachten.

Der Start. – Ich fühlte mich stark. Ich hatte das Herz eines Löwen, und meine Beine waren so leicht wie früher! Ich spürte kaum eine Last in mir und sagte mir: ‚Sieh zu, dass du gewinnst. Dann kriegst du auch keinen Ärger mit Mutter wegen deiner Kleider!' Vielleicht flogen deshalb meine Beine so schnell über die Bahn wie die einer springenden Antilope. Mein Begleitläufer stöhnte und ächzte. Ich spornte ihn an: ‚Schneller, wir wollen gewinnen.'"

Daran besteht nach der Hälfte der Strecke keinerlei Zweifel mehr. Henry führt mit gut einer halben Runde Vorsprung. Er hört die Zuschauer raunen: „Wer ist denn dieser Läufer? Wer ist dieser Wanyoike?" Henry spult sein Tempo ohne große Wechsel herunter und siegt mit über einer Runde Vorsprung vor dem restlichen Feld. Nach seinem lockeren Zieleinlauf unterhält er sich noch mit dem verblüfften Cheftrainer des Verbandes. „Ich war überhaupt nicht erschöpft und hätte gleich die nächsten 10 000 Meter laufen können."

Erst ein paar Tage später erfährt Henry, dass einigen Talentsuchern von Seiten des kenianischen Verbandes unangenehme Fragen gestellt worden sind. Der Präsident macht ihnen Vorwürfe: „Sie verdienen bei uns Ihr Geld und kennen dieses Naturtalent nicht. Das ist eine Schlamperei!"

Natürlich entblöden sich auch zwei Trainer nicht, Henry zu fragen, ob er verbotene Substanzen zu sich nimmt. Henry darauf unwirsch: „Wenn ich für so etwas Geld hätte, hätte ich auch Laufschuhe!" Doch nach all dem Ärger macht sich eine unbändige Freude in ihm breit! „Viel sagen konnten sie bei der Siegerehrung nicht über Henry Wanyoike aus Kikuyu. Was mich zu diesem Zeitpunkt auch nicht störte, denn ich dachte schon an Sydney! Ich jubelte: ‚Ich werde in die Welt der Mzungus fliegen. Ich, Henry Wanyoike, über den so viele gelacht haben, als er blind wurde. Ich fliege in ein fremdes, fernes Land, um dort meine Heimat zu vertreten!' Aber plötzlich kam mir der Gedanke: ‚Was ziehst du nur bei den Olympischen Spielen an? Und woher kriegst du die Laufschuhe? Der Verband zahlt ja nichts.' Mit Urkunde und Medaille fuhr ich nach Kikuyu zurück. Mein erster Weg führte ins Krankenhaus. ‚Petra, ich hole Gold in Sydney!' Sie antwortete nur: ‚Henry, jetzt drehst du völlig durch!'"

Knappe vier Jahre später sprechen wir sie darauf an. Noch heute bekommt die Afrikaliebhaberin einen herzlichen Lachanfall: „Stimmt, damals stand Henry vor mir und sagte, er hole Gold. Für mich die pure Spinnerei. Ich musste an meinen ersten Kommentar im Krankenblatt von Henry denken. Der Größenwahn schien zu wachsen. Jedenfalls frotzelte ich munter drauflos: ‚Dann wirst du sicher auch Weltrekord laufen', worauf er antwortete: ‚Wenn ich erst einmal Gold gewonnen habe, laufe ich auch Weltrekord! Und dann bringe ich dir ein kleines Geschenk aus Sydney mit.' Henry schwieg für eine Weile, bis er leise und vorsichtig fragte, ob ich ihm möglicherweise helfen könne, Trikot, Hose und Schuhe, zu bekommen. Er könne bei den Olympischen Spielen unmöglich in einer abgeschnittenen Sonntagshose an den Start gehen. Allmählich beschlich mich der Verdacht, dass Henry vielleicht doch keinen Spaß machte: ‚Henry, mal ehrlich, hast du die Qualifikation gewonnen?' Und fast verschüchtert nickte er langsam mit dem Kopf. Eine Geste, wie kleine Kinder sie machen, wenn man sie fragt, ob sie es gewesen sind, die etwas ganz Tolles gemacht haben. Henry nickte – und zog seine Siegerurkunde aus der Tasche."

Petra rennt sofort zu Regina: „Henry hat die Fahrkarte nach Sydney!", brüllt die Mzungu. „Henry hat gewonnen!" Regina schweigt einen kurzen Moment, dann sagt sie leise: „Irgendwie habe ich es gewusst." Die drei fallen sich in den Arm und tanzen in die Nacht hinein. An diesem Abend entfacht Henry ein großes, hell loderndes Lagerfeuer und träumt von den Olympischen Spielen. Petra ruft ihre Mutter in Bonn an. Sie muss ihr unbedingt erzählen, was Henry geschafft hat! Gemeinsam überlegen sie, wie sie ihn unterstützen können. Schließlich hat Petras Mutter eine ausgezeichnete Idee: „Was hältst du davon, wenn ich Henry einen Laufdress und Schuhe kaufe?"

5. From zero to a hero

In der Klinik freuen sich Regina, Petra und alle anderen Freunde Henrys über den weiten Ausflug ihres Patienten. Am 15. Oktober, dem Tag des Laufs über 5000 Meter, setzen sich die beiden Frauen zusammen, um gemeinsam für ihn zu beten. Ihnen geht es weniger darum, dass Henry eine große sportliche Leistung abliefert, vielmehr bitten sie, dass seine Seele keinen Schaden nimmt. Und obschon Henry mit seinem sensationellen Qualifikationslauf gezeigt hat, dass er ein Siegertyp ist, hält sich der Optimismus von Petra in Grenzen. Denn in Sydney gilt es die Crème de la Crème zu schlagen – eine schier hoffnungslose Mission. Die Rettung von Margret war dagegen ein leichtes Spiel. Beide Frauen wünschen sich, dass Henry alles nicht so schwer nehmen möge. Und so reden sie möglichst wenig über das Ereignis am heutigen Tag. Das kenianische Fernsehen ist auch nicht dabei – was beide ganz gut finden.

Im weit entfernten Bonn jedoch sitzt Petras Mutter Maria erwartungsfroh vor dem Fernseher und verfolgt die Übertragung der Spiele. Und wie sich das gehört, steht eine Tasse Kikuyu-Tee mit viel Milch und Zucker auf dem Tisch. Auf einmal ist Henry groß im Bild zu sehen. Der Reporter weiß nur zu sagen: „Henry Wanyoike, Kenia, Bahn drei." Aufgeregt nippt Maria an der Teetasse. Der Startschuss fällt – und über dem Gelände der Augenklinik grollt der Himmel. Ein Gewitter geht nieder, als das Telefon in Petras Büro Sturm läutet. Zuerst will sie nicht an den Apparat, aber der Anrufer gibt nicht auf – und gewinnt die Nervenprobe. „Hallo, Petra Verweyen ..." Am anderen Ende der Leitung geht es deutlich lebhafter zu: „Petra, hier ist Mutter – ob du's glaubst oder nicht, Henry hat gerade Gold gewonnen!" Petra reagiert ähnlich wie auf angebliche Größenwahnanfälle bei Henry: „Geht es dir noch gut?", fragt sie. Doch ihre Mutter antwortet: „Es geht mir ausgezeichnet – es gibt nämlich einen Grund zu feiern." Petra vergewissert sich ein paar Mal, dann juchzt sie. Mitarbeiterinnen laufen herein, und Petra brüllt. „Henry hat gewonnen!"

Strickmaschinen aus Australien

Ungläubig werden Patienten des Krankenhauses Ohren- und Augenzeugen eines seltsamen Schauspiels. Im Low Vision Department gellen Henry-Rufe durch die Gänge, einige Schwestern tanzen im Regen auf dem Rasen. Ein Fahrer läuft über das Gelände und verkündet die Nachricht, und Regina steht versonnen lächelnd in der Tür ihres Büros und dankt dem Herrn für Henrys Sieg.

Sekunden später johlt sie schrill auf vor Freude und übertönt das Kreischen einer Kreissäge auf der Baustelle gegenüber. Überall auf dem Terrain der Klinik inspiriert die Nachricht vom großen kenianischen Sieg, errungen von einem der ihren, dem allertapfersten aller Nachfahren von großen Kriegern, dem Mann aus Kikuyu, Sohn von Gladis, zu ausgelassenen Tänzen. Überall erschallen Henry-Rufe, und hätten die Wachen am Tor Pistolen im Halfter getragen, sie hätten vor Freude losgeschossen. Neue Patienten dürften sich gefragt haben, in was für ein Krankenhaus sie da geraten waren.

Petra schickt einen Boten zu Henrys Mutter und Schwester. Und wenn der verstorbene David in diesen Minuten auf seine Familie geschaut hätte, dann hätte er seine Tochter gemeinsam mit seiner Frau sehen können, wie sie mit vielen Freunden und Cousins von Henry über den saftigen grünen Rasen im Garten tanzten, einmal Henry lobpreisend und dann Gott. Natürlich steuert auch Muh einige Glückslaute bei – und bald schon greifen die Henry-Rufe auf die ganze Region über.

Abends bringt das Fernsehen die Meldung von dem sensationellen Sieg eines Kenianers bei den Paralympics in den Nachrichten. Der historische Triumph eines blinden Kikuyu über den Rest der Welt, amtierende Weltrekordhalter und vorherige Olympiasieger inklusive, ist zu feiern. Und ganz Kenia feiert mit. Während Henry noch leidet, weil er sich nicht sicher ist, ob er wirklich gewonnen hat, huldigen ihm Millionen seiner Landsleute – selbst Stämme, die mit dem der Kikuyu nicht unbedingt befreundet sind. Weil ein Blinder, der sich nicht aufgegeben hat, mit dem Herzen eines Löwen und der Geschwindigkeit einer Antilope etwas ganz Großes, für den Nichtbehinderten etwas Unvorstellbares zu Wege gebracht hat.

Petra Verweyen bringt es noch heute auf den Punkt: „Henry hat mit seiner Leistung, seinem unbändigen Willen und der ungezügelten Kraft vielleicht mehr für die Integration von blinden und behinderten Menschen in Kenia getan, als staatliche Programme dies zuvor vermocht haben." Und seine Freundin legt nach: „Würde er jetzt zu mir kommen und mir mitteilen, dass er zum Mars fliegen will, dann würde ich mich hüten zu sagen: ‚Henry, du spinnst!'"

Als der Champion in Nairobi einfliegt, fährt der Präsident vor und begrüßt Henry noch auf der Landebahn. Henry, strahlender Sieger mit australischem Krokodilfängerhut, winkt vergnügt. Heute ist ein Tag so ganz nach seinem Geschmack. Hunderte von Menschen warten am Airport auf ihren persönlichen Helden. Die Medien veranstalten einen Riesenspektakel, und eine Herde von Kühen liefert das Erfrischungsgetränk für eine überschwängliche Party, ganz nach Gusto der kenianischen Gäste. Petra, Gladis und Beatrice fliegen dem Champion in die Arme, drücken ihn fest. Henry rollen Tränen über die Wangen, der Präsident schüttelt seine Hand. Ein Witzbold schreit: „Henry for president." Worauf Petra nur mit den Schultern zuckt. – Warum nicht, alles ist möglich.

Eine Gruppe Rollstuhlfahrer bildet ein Spalier, und einige Blinde tasten sich vorsichtig auf ihn zu. Henry winkt, Henry lacht, Henry tanzt, Henry läuft, Henry singt die Nationalhymne. Henry streichelt die Kühe, Henry nimmt weibliche Fans in den Arm. Henry zeigt seine Goldmedaille jedem, der sie sehen will. Henry stellt seine Mutter dem Präsidenten vor. Und auf einmal grinst Henry geheimnisvoll und sagt zu Petra: „Ich habe auch eine Überraschung für euch. Aber das hat noch ein wenig Zeit."

Regina hält sich abseits. Sie braucht einen Moment, um all das zu verdauen. Es passiert ja nicht alle Tage, dass ein blinder Patient, der sie „Mama" nennt, in die große weite Welt reist und mit einer Goldmedaille zurückkehrt. Da weiß aber auch Regina noch nicht, was Henry im Reisegepäck mit sich führt. Während die Kapelle noch immer in der Ankunftshalle des Flughafens spielt, rinnt die Milch den Kehlen der Gäste hinunter. Der Präsident fährt wieder, und Henry läuft mit einer kenianischen Fahne nach draußen über das Rollfeld, streichelt einigen Kindern, die ein Autogramm wollen, über den Kopf und verteilt an enge Freunde ein Foto, das in diesen Tagen in vielen – vor allem afrikanischen – Staaten eingeführt wird. Henry Wanyoike, gestartet am 15. Oktober beim olympischen 5000-Meter-Lauf, Bahn drei – dieser Henry Wanyoike reckt einen Arm zum Himmel, eine Pose des Sieges für die Ewigkeit. Am Boden liegend sein Führungsläufer, der durch Henrys Löwenherz ebenfalls zum Sieger geworden ist. Dieses Foto musste Henry in Sydney hunderte von Malen unterschreiben.

Die anderen Sportler nehmen das Bild mit nach Hause. Viele verkaufen es in ihrer Heimat als Dokument dafür, dass ein Mensch alles erreichen kann, wenn er es nur will. Als Symbol vom Sieg Davids über all die Goliaths im Feld. Jetzt ist dieser Henry Wanyoike als der Held, der er immer sein wollte, zurückgekehrt. „From zero to a hero", wie Arnold Schwarzenegger gesagt hat.

Eine Stunde später verstauen die Mitglieder der Kapelle am Flughafen von Nairobi müde ihre Musikinstrumente. Die Party läuft langsam aus. Nachschub an Milch ist nicht zu haben, und Henry möchte seine Freunde endlich überraschen. Er flüstert mit einem kräftigen Mann, der ihn zu einem Sonderschalter begleitet. „Zwei Pakete für Wanyoike", sagt Henry und grinst frech in die Runde. „Was jetzt wieder kommt?", fragt Petra noch, da schiebt der Frachtangestellte schon das Sondergepäck auf einem Rollwagen an. „Um Himmelswillen, was ist das?", fragt der kräftige Freund, den Henry zum Tragen geordert hat. „Kanonenrohre?" Henry lacht und packt mit an. Mit dem Rollwagen geht's zu einem Pickup. Jetzt hieven mehrere Freunde die schweren Pakete auf die Ladefläche: „Wir fahren erst ins Krankenhaus, da machen wir die Dinger auf. Ihr werdet staunen", gibt der Champion den Weg an.

Während der Fahrt ins Low Vision Department hört es sich an, als mache ein Gesangsverein eine Tour ins Grüne. Nur kreisen hier Milchtüten, und intoniert werden diverse Lieder aus dem Kikuyu-Dialekt. Auf dem Gelände des Krankenhauses stehen Dutzende von Menschen Spalier. Henrys Einzug gleicht dem eines Imperators. Er steht auf dem Pickup und winkt. Als der Wagen stoppt, springt er herunter. Jetzt steht er sicher auf heimischem Terrain, kann förmlich spüren, wie neugierige Augenpaare ihre Blicke auf ihn richten. Henrys Ansprache ist kurz, aber voller Tränen: „Petra, Regina und all ihr anderen. Als ich vor mehr als fünf Jahren zum ersten Mal hierher gekommen bin, schien das Leben für mich beendet. Ich war über Nacht erblindet, und als man mich mit einer schlechten Prognose wieder nach Hause schickte, setzte noch hier, auf diesem Gelände, mein Verstand aus. Ich verlor einen Monat meines Lebens. Als ich 1997 in diese Klinik zurückkehrte, traf ich zunächst auf Petra, dann auf Regina und viele der anderen Freunde, die heute auch noch da sind. Damals spürte ich, dass sich von nun an mein Leben positiv verändern würde. Ich hatte nicht mehr leben wollen, sah keinen Sinn, auch, wenn ich trotzig tönte, ich wolle ein internationaler Läufer werden. Langsam und äußerst behutsam lehrten mich Petra und Regina, meine tiefe Verzweiflung, meine Depression abzustreifen. Ihr habt mir so viel gegeben und mein Leben gerettet! Jetzt möchte ich ein wenig zurückgeben."

Mit einem kräftigen Ruck reißt Henry beide Kartons auf. Zum Vorschein kommen lange Maschinen, die aussehen, als würde ein kleiner Schlitten darüber fahren. Diejenigen, die sehen können, was auf dem kleinen LKW liegt, fragen, was das sei. Henry antwortet. „Ich durfte mir bei den netten Mzungus in Australien etwas wünschen. Zunächst überlegte ich noch, dann schoss es mir durch den Kopf: Natürlich, Strickmaschinen. Damit kann ich mich daran beteiligen, meinen Leidensgenossinnen und -genossen das Leben zu erleichtern. Heute gebe ich mit diesen Maschinen euch allen ein Stück von dem zurück, was ihr mir gegeben habt. Und euch allen möchte ich hier und heute sagen, dass ich, sobald ich meine Ausbildung zum Strickmeister beendet habe, selbst blinde Menschen als Stricker ausbilden möchte. Die Arbeitsgeräte dazu haben wir jetzt."

Es braucht Zeit, bis die Ansprache ihr Publikum erreicht. Die Menschen stehen wie vom Donner gerührt. Nach einer halben Ewigkeit gehen einige Blinde auf Henry zu, nehmen ihn in den Arm. Ein alter Mann schluchzt und drückt das aus, was fast alle denken: „Danke, dass du uns soviel Hoffnung und Zuversicht gibst."

Mit Regina an der Hand macht sich Henry zu einer Runde über das Klinikgelände auf: „Meiner ‚Mama' musste ich genau erzählen, was in Sydney passiert ist. Das mit den Stürzen von John wusste sie nicht. Und dass man mich angezeigt hatte, war ihr auch neu. Sie fuhr mir mit der Hand durchs Gesicht und sagte: ‚Wie lange hast du leiden müssen.'"

Der Einzug in das Machakos Institute gestaltet sich als das größte Fest, das die Schule je gefeiert hat. Ein riesiges Buffet ist auf den Tischen im Garten ausgebreitet, eine Kapelle spielt, und natürlich gibt es jede Menge Milch. Die Mädchen aus Henrys Strickklasse haben sich fein gemacht. Mitschüler fordern Henry auf, er solle öfter gewinnen: „Dann kommen wir aus dem Feiern gar nicht mehr heraus."

Plötzlich nehmen alle Haltung an, und Dominique meint bedauernd: „Nun, lieber Henry, wir begrüßen dich heute wohl zum letzten Mal als Schüler." Da begehrt Henry auf, schnalzt aufgeregt mit der Zunge: „Wieso – glaubst du etwa, ihr seid mir jetzt nicht mehr gut genug? Natürlich bleibe ich auf der Schule, beende meine Ausbildung. Ich kann doch jetzt nicht einfach gehen." Beifall, Tanzen, Singen – all das inmitten der Gänse auf dem saftigen Rasen des Machakos Institute for the Blind. Die Burschen genehmigen sich auf die gute Nachricht einen kräftigen Schluck Milch und geraten außer Rand und Band. Sie animieren die Kapelle, ein Stück von Michael Jackson zu spielen, *Beat it*, Henrys Lieblingslied, und die Stimmung auf der Party steigt. Die Mädchen nippen an Fruchtsäften und zeigen sich very amused, dass Henry gedenkt, weiter ihre Schule zu besuchen. „Stellt euch nur vor", juchzt Sarah, „wir teilen uns jetzt den Klassenraum mit einem echten Olympiasieger. Das ist doch Wahnsinn!"

Nach einigen Tagen des ausgelassenen Feierns, kehrt der Ernst des Lebens wieder. Henry jubelt nicht mehr ganz so viel, denn inzwischen ist er ein paar Wochen aus der Übung. Er bekommt wieder Probleme mit der Arbeit an der Sockenferse im Allgemeinen und mit der Filigranarbeit im Besonderen. Da schwitzt er mehr als bei einem 1500-Meter-Lauf. Aber so behält er Bodenhaftung. Die Geschichte seines atemberaubenden Laufs muss er sowieso in jeder Pause, beim Frühstück und beim Mittagessen wie am allabendlichen Lagerfeuer erzählen. Brav absolviert Henry die Strickschule und lernt auch andere Formen der Fadenverarbeitung kennen. Er verdingt sich als Hobbyschneider, ohne dass er noch einmal ein Blutbad anrichtet, und besticht mit gehäkelten Topflappen.

Er ist die Freude eines jeden Lehrers, und oft kommen Menschen, die überhaupt nichts mit dem Institut zu tun haben, nur um diesen Wanyoike zu bestaunen. Bei Gladis sprechen immer wieder Fremde vor, wollen Einzelheiten über ihren Sohn wissen. Der strickt sich bis Ende des Jahres noch munter in Machakos durchs Leben und feiert am 12. Dezember einen großen Sieg. Denn an diesem Tag, dem Jamhuri Day in Kenia, wird Henry vom Präsidenten der legendäre Titel „Großer Krieger erster Klasse" verliehen. Jetzt und bis in alle Ewigkeit hat der schnellste blinde Langstreckenläufer der Welt seinem Großvater den Rang abgelaufen.

Ein paar Wochen später darf dieser große Krieger auch den Titel großer Strickmeister tragen; und wieder drei Monate später, im April 2001, graduiert Henry an seinem Institut. „Ich war so glücklich. Jetzt hatte ich endlich eine solide Ausbildung. Dominique, meine guten Freunde und ich schworen, dass wir niemals auseinander gehen würden – und so kam es auch. Denn selbst wenn wir bis auf Dominique alle die Schule verlassen haben – mit dem Herzen sind wir noch dabei."

Der blinde Lehrer, der sich in Organisationen engagiert, die die Situation von Blinden in Kenia verbessern möchten, plant ohnehin schon eine gemeinsame Zukunft mit Henry. Neben seinen zahllosen Siegen bei nationalen Sportfesten intensiviert Henry nochmals sein Trainingsprogramm, rennt bisweilen morgens und abends und spult immer häufiger im Wettkampf auch die Marathonstrecke ab. „Ich wollte auch da der Beste sein. Schließlich ist das die Königsdisziplin aller Ausdauerläufer."

Doch auch sonst beweist Henry einen langen Atem. Inzwischen bildet er an einer Strickmaschine im Wohnzimmer seines Hauses drei blinde Mädchen aus: „Ich habe sie gelehrt, dass sie niemals aufgeben dürfen. Mit dem Beruf im Rucksack konnten sie sich etwas unbeschwerter auf den Weg in Richtung Zukunft machen."

Auch bei Petra steht so eine Maschine. Fast jeden Tag besucht Henry seine beiden Freundinnen, baut den Weg dorthin in seinen Trainingsplan mit ein. Längst verdient sich Henry sein Essen in der Krankenhauskantine, denn Regina kommt die vorzügliche Idee: „Wir können unseren Goldjungen doch als Mutmacher einsetzen. Da ist er für uns mehr wert als jeder Arzt."

Petra findet die Idee hervorragend, Henry sowieso. Es macht ihn stolz, gebraucht zu werden. Außerdem spart er damit das Geld fürs Essen. Für seine Tätigkeit als Botschafter der Hoffnung in der Spezialabteilung hilft ihm Petra bei der Bewältigung logistischer Probleme. Sie verschickt Faxe, Bettelbriefe, kümmert sich um Anträge für Visa.

Im September 2001 fliegt Henry als Repräsentant Kenias zum Treffen des Internationalen Verbandes der Blindensportler in die Dominikanische Republik. Dort verblüfft er die Abgeordneten mit seiner ganz persönlichen Sicht der Dinge. Ein Blinder fragt ihn: „Wenn du Marathon läufst und viel Zeit hast, wie sehen die Menschen in deinen Gedanken aus? Darüber diskutieren wir oft." Henry antwortet mit einem Lächeln und amüsiert sich über sich selbst: „Kurz gesagt: Die Menschen schillern in meinen Gedanken in den merkwürdigsten Farben. Die Schwarzen erscheinen mir in tiefes Blau gehüllt, die Mzungus treten in Gelb auf."

Als blinder Olympiasieger fordert Henry, dass der Sport zukünftig weltweit dazu dienen soll, auf die Probleme von Behinderten gerade in Afrika und Asien einzugehen. Der Name Wanyoike etabliert sich in der Diplomatie auch jenseits der Aschenbahn. Im Oktober ernennt die Regierung Henry zu einem Captain, der als Sprachrohr für alle Menschen mit Behinderungen auch außerhalb des Sports dienen möge. Lehrer Dominique hat die Nominierung eingefädelt. Und schon erfolgt der Ruf, das paralympische Komitee Kenias international zu vertreten.

„Das ging alles atemberaubend schnell. Vor ein paar Monaten war ich noch ein Niemand. Einer, über den manche Leute gelacht haben. Jetzt flog ich als ein Repräsentant meines Landes durch die Welt. Ich war glücklich, auch wenn ich überhaupt kein Geld hatte, mir außerhalb eines Veranstaltungsorts etwas zu essen zu kaufen. Aber dafür besaß ich Stolz und Ehrgefühl. Den Leuten in Kikiuyu ging es auch so, wenn Fremde fragten: ‚Kikuyu, kommt da nicht der Wanyoike her?'"

Kleopatra an der Telefonzelle

Auch im Land der Pyramiden kennt man Henry aus Kenia inzwischen. Anfang 2002 steht er, vor Aufregung mit der Zunge schnalzend, als Vertreter seiner Heimat bei den Weltmeisterschaften in Kairo vor den magischen Dreiecksbauten. Nach Ägypten fliegt er mit großer Spannung, er möchte die Kraftfelder, die rund um die Pyramiden spürbar sein sollen, erfahren. Und er weiß: „Blindheit ist in Ägypten ein Mythos. Darum wollten mich die Leute immer anfassen. Und ein Teamkamerad erzählte mir, dass die Menschen mich anstarren würden wie ein Weltwunder."

Was Henry auch ist. Zweimal Gold für den großen Krieger, einmal Silber. Ein Führer beschreibt ihm später, wie Kleopatra auf einem Bild aussieht. Und Henry denkt bei sich: „Eigentlich wär's auch bei mir einmal Zeit für eine Kleopatra." Unverhofft kommt oft. Womit nicht der Sieg von Wanyoike im Nyayo Stadion von Nairobi gemeint ist. Bei Henry gibt es nur wenige Geschichten, die normal verlaufen. Warum soll das ausgerechnet bei der Liebe anders sein?

Dabei fängt alles so harmlos an. – „Entschuldigung, können Sie mir sagen, wo ich eine dieser gelben Telefonzellen finde?" Henry wendet sich an eine Frau, die gerade mit freundlicher Stimme gesprochen hat. Die Antwort der Dame klingt schon weniger höflich: „Das ist die dümmste Anmache, die ich je in meinem Leben gehört habe. Sie dürften doch

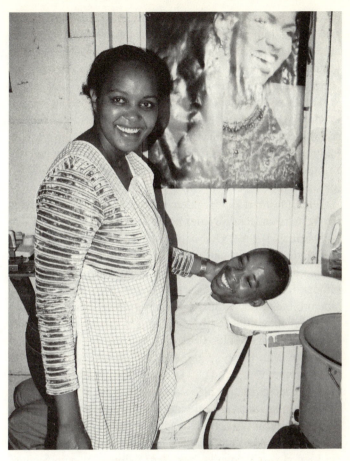

Ehefrau Myllow wäscht Henry kräftig den Kopf

sehen, wo die Telefonzelle steht. So weit weg ist sie ja wohl nicht!" Erbost legt sie nach: „Oder sind Sie etwa blind?!" Nun muss man wissen, dass Henry ziemlich schnell beleidigt sein kann. Normalerweise wäre bei einer derart patzigen Antwort der Fall für ihn längst erledigt. Aber er weiß an diesem 15. Januar, fünf Tage nach der Rückkehr aus dem Land der Pharaonen, intuitiv, dass die Kraft in der Ruhe liegt. Darum gibt er sich Mühe, mit der Gelassenheit eines stoischen Kriegers zu antworten: „Tatsächlich, gnädige Frau, ich bin, wie Sie es schon vermutet haben, wirklich blind. Und daher kann ich nicht sehen, wo eine Telefonzelle stehen könnte."

Die Frau weiß nicht so recht – gehört das auch zu der Anmache? Wenn ja, dann findet sie es nicht sehr witzig. Aber dieser Mann dort steht schüchtern da, bewegt sich keinen Meter. Langsam kommen der Fremden Zweifel und sie bittet um Verzeihung: „Das tut mir sehr Leid. Aber ich glaubte, sie wollten mit mir auf plumpe Weise flirten."

Die Frau führt Henry zu einer gelben Zelle. Er telefoniert, sie wartet. Als Henry wieder herauskommt, stellt sie sich vor: „Ich heiße Myllow." Und noch ehe sie weiterreden kann, hat Henry sie schon auf eine Tasse Kaffee eingeladen. Eine nette Plauderei beginnt, sie zeigt sich sehr interessiert am Schicksal blinder Menschen und berichtet Henry, dass sie etwas von einem blinden Läufer im Fernsehen mitbekommen habe: „Er hat in Sydney Gold gewonnen, vorher kannte ihn niemand. Das war eine spannende Geschichte."

Heute lacht Henrys Ehefrau schallend über die Geschichte – und nimmt, bei Tee und Obst auf dem Sofa sitzend, seine Hand: „Der Schlingel gab sich damals nicht zu erkennen. Aber dann kam auf einmal einer der Führungsläufer angerast und zerrte an Henry herum: ‚Wanyoike, der Trainer sucht dich. Er ist ganz schön sauer.' Da fiel es mir wieder ein. Wanyoike. Na klar, Henry Wanyoike hieß der Olympiasieger in Sydney. Arnold Schwarzenegger hat nach diesem unfassbaren Sieg über die 5000 Meter gestaunt: ‚Was für eine Leistung. From zero to a hero!' Zu Henry hinüber sagte ich schnippisch: ‚Ach, Sie sind das.'"

Zu mehr Konversation reicht es an diesem Tag nicht mehr. Wutschnaubend bahnt sich Henrys Trainer einen Weg durch die Menschen. Er baut sich vor Henry auf und brüllt, dass das nächste Rennen gleich beginne. Ab zum Start! Henry erschrickt. Über eine Stunde hat er mit der Frau zusammengesessen. Das passiert ihm doch sonst nicht, wegen eines Gesprächs beinahe einen Lauf zu verpassen. Henry beschließt: Diese Frau muss etwas Besonderes sein. Er eilt zum Start, gewinnt seinen Lauf und rennt mit dem Guide gleich vom Ziel ins Café zurück. Fehlanzeige, die Dame ist weg. Henry zuckt ratlos mit den Schultern.

Als er zwei Tage darauf die neun Kilometer zu Petra in die Klinik gejoggt ist, erwartet sie ihn schon mit einem launigen Unterton in der Stimme: „Kennst du möglicherweise eine gewisse Myllow?" Henry schnalzt mit der Zunge und nickt. Viel mehr muss er gar nicht erzählen. „Was sagen denn deine Kameraden – ist sie hübsch?" Eben das will Henry am kommenden Sonntag herausfinden. Sie treffen sich wieder auf einen Kaffee. Was für eine freundliche Stimme sie doch hat. Geschickt verpackt fragt der Charmeur: „Wenn wir uns das nächste Mal treffen, könnte es sein, dass ich nach Ihnen fragen muss. Wie sehen Sie denn aus. Eine Frau mit Ihrer Stimme kann nur gut aussehen." Sie: „Ich bin groß und schlank." – „Ich habe mir gedacht, dass Sie wie ein Model aussehen." Myllow dankt mit einem leichten Streicheln über die Hand und antwortet: „Wissen Sie, mir hat Ihre Art und die Stimme auch gleich gefallen."

Henry erzählt sein Leben und Myllow das ihre. Ihr Mann war gestorben. Ein mysteriöser Unfall im LKW. Nun lebte sie wieder bei den Eltern. Zwei Kinder habe sie, Petra und Peterson. Außerdem, so Myllow, gebe es da noch einen Verehrer, einen vermögenden Mann aus Nairobi. Aber Henry schwimmt gerade auf einer Erfolgswelle. Mit der Konkurrenz kann er es locker aufnehmen. Wenn es nur Geld ist ...

Henrys Freund Simon schreibt ein paar Liebesbriefe an Myllow. Endlich kommt es zum Rendezvous. Myllow will Henry besuchen. Simon eilt zum Busbahnhof. Dort wartet er vergeblich. Er findet nicht die Frau, nach der er sucht. Kein Fotomodell, keine hübsche Dame, niemand, auf den auch nur im Entferntesten die Beschreibung passt. Simon wartet auf den nächsten Bus aus Nairobi – und Stunden später macht er sich frustriert auf den Heimweg: Wie soll er seinem Sieke nur beibringen, dass Myllow ihn versetzt habe, dass sie vermutlich nur ein Spiel mit ihm treibe. Voller Schuldgefühle betritt er das Haus Henrys und beginnt: „Es tut mir leid, aber ..." Zu mehr kommt er nicht, denn auf dem Sofa sitzt eine fremde Frau neben Henry – und beide lachen über Simon. Der fällt mit ins Lachen ein: „Er sagte mir, dass er sich freute, mich so glücklich zu sehen", bemerkt Henry.

Nach ein paar angenehmen Stunden bei den Wanyoikes muss man sich wieder trennen. Simon bringt Myllow zurück zum Bus. Und in den folgenden vier Wochen ruft Henry sie ständig an. Er weiß: Sie muss es sein. Eine andere gibt es nicht. Und selbstverständlich – davon war er überzeugt – muss sie das genauso sehen. Einen Monat später, ein anderes Café, eine ähnliche Form der Vertrautheit: Ohne eine Spur von Schüchternheit fragt Henry: „Wollen wir heiraten?" Und als sie nicht sofort Ja sagt, findet Henry das zunächst gar nicht einmal schlimm. Zunächst! „Henry, lass mir noch ein wenig Zeit." Henry denkt bei sich: Zu 98 Prozent hat sie eingewilligt. Da kann sie doch auch gleich Ja sagen. Aber Myllow will lieber gehen. Henry versteht die Welt nicht mehr. Dutzende Male am Tag ruft er bei ihr an: „Ich wollte mich jede Minute in Erinnerung bringen. Eine Frau kann doch zu einem Angebot von Henry Wanyoike nicht Nein sagen."

Offenbar doch. Heute, zwei Jahre später, erinnert sich Myllow, während sie im Trainingscamp in der Steppe das Essen zubereitet: „Henry nervte zu diesem Zeitpunkt ganz gewaltig. Manchmal klingelte das Telefon alle zwei Minuten. Er muss all das wenige Geld, das er hatte, in ein Münztelefon gesteckt haben."

Vier Tage darauf sitzt Henry traurig neben der Telefonzelle. Seine Angebetete hat Nein gesagt. Zum ersten Mal seit langer Zeit geht seine Taktik nicht auf. Und mit noch größerer

Verbitterung nimmt er die Begründung auf: „Meine Familie und meine Freunde machen Druck. Sie wollen nicht, dass ich einen Blinden heirate." Aber zu langer Trauer hat Henry keine Zeit. Jetzt tritt Plan B in Kraft. Henry betritt die Telefonzelle, erreicht seine Traumfrau, und behutsam, fast beschwörend, redet er auf sie ein: „Myllow, ich glaube, du hast die falsche Entscheidung getroffen. Du musst deinen Entschluss noch einmal überdenken. Bitte." Plan B sieht auch vor, dass Henry loslässt: „Ich musste mich zwingen, sie nicht weiter anzurufen." Zwei Tage später läutet Henrys Handy, das er eigentlich nur für Notfälle einsetzt. Und nun scheint ein Notfall vorzuliegen. „Was ist passiert?", meldet sich der Champion. Sekunden später überzieht ein Lächeln das zuvor so sorgenvolle Gesicht: „Ich muss gegrinst haben wie ein Honigkuchenpferd." Ein Sonnenaufgang in Kenias Wildnis über der roten Erde und den grünen Büschen dürfte kaum schöner sein.

„Hier ist Myllow", sagt die Stimme am anderen Ende, „mein Nein gilt nicht mehr, es gibt kein Problem mehr zwischen uns. Die Entscheidung ist gefallen! Aber wir müssen uns schnell sehen." Peter, der Vater seines Freundes Kim, rast mit Henry im Firmenwagen nach Nairobi. Umarmung, Küsse – und Henry und Myllow sind so gut wie verheiratet. „Aber Henry, hast du alles gut überlegt. Du heiratest zwei Kinder mit, die nicht deine sind, und du hast noch keine eigenen." Für ihn kein Problem. „Mein Herz kennt nur eine Antwort – und wie meine drei Mütter Gladis, Petra und Regina darüber denken, werde ich bald wissen."

Henry wird ein wenig schwer ums Herz. Denn Petra, seine Vertraute Petra, wird bald aus Kikuyu fortgehen. Da sie derzeit Urlaub macht, kann er sie gar nicht um Rat fragen. Aber da sind ja noch die beiden anderen „Mütter" und die Schwester. Im Hause Wanyoike vollführen die Damen den Schulterschluss: „Henry, wenn dich Myllow liebt und du auf dein Herz hörst, dann heirate sie. Die Kinder kennst du. Sie haben dich gern. Davon konnten wir uns überzeugen. Letztlich werden sie sogar eine Hilfe für dich beim täglichen Einerlei sein. Sie können dich führen und mit dir einkaufen und spazieren gehen."

Für Regina stellt sich die Frage sowieso nicht. Sie nimmt sich ihren Schützling vor. „Was fragst du mich? Wir haben gemeinsam gebetet, Gott möge das Herz von Myllow erweichen. Und jetzt fragst du mich, was ich von einer Heirat halten würde. Das kann ja wohl nicht wahr sein. Herzlichen Glückwunsch, mein tapferer Krieger." Henry ruft seine große Liebe an: „Es gibt keine Probleme mehr, Frau Myllow Wanja. Wir werden heiraten."

The master of disaster

Bevor seine zukünftige Frau bei ihm einzieht, fliegt Henry nach Japan zum Marathon. Dort fügt der Champion den Abenteuern des Olympiasiegers Wanyoike ein weiteres Kapitel hinzu, was ihm intern den spöttischen Namen „Master of disaster" einbringt – nebst einer Goldmedaille und einem neuen Weltrekord.

Henry über die Pannen während des Marathons, in deren Zentrum wieder einmal ein Führungsläufer steht: „Ich nahm einen guten Freund mit, der mir von seinen Bestzeiten erzählt hatte, die bei rund zwei Stunden und zwanzig Minuten liegen sollten. Er könne noch schneller, sagte er mir, und es sei eine große Ehre, für mich zu laufen. Wir kamen auch gut in Gang – dummerweise nur für zwölf Kilometer. Dann machte er schlapp. Ich war sauer und rastete aus. Ich beschimpfte und schüttelte ihn, und in meiner Wut hätte ich ihn am liebsten verprügelt. Er muss wohl furchtbare Angst bekommen haben. Jedenfalls wankte er in das Feld, stoppte einen x-beliebigen Läufer und machte ihm offenbar mit Handzeichen klar, dass er mich übernehmen solle. Der Sportsmann willigte ein – und ich kann euch sagen, es war noch schlimmer als in Sydney!

Denn wie sich herausstellte, handelte es sich um einen Japaner, der kein einziges Wort Englisch verstand – und meine Japanischkenntnisse waren nicht viel besser. Wir konnten uns also nicht verständigen. Und schließlich führte ich ihn mehr, als er mich. Aber er rief sehr viel. Ich weiß zwar nicht, was, vermute aber, dass er uns den Platz freigeschrien hat."

Inzwischen schleicht sich der eigentliche Führungsläufer, noch völlig ausgepumpt, zu einem Streckenposten und klärt ihn über sein Versagen auf. Erst später wird er Henry gestehen, dass er ihn bei seinen Bestzeiten schamlos angelogen hat, nur um am Lauf teilnehmen zu können. Der Streckenposten alarmiert die Zentrale. Dort formiert sich ein Team, bittet wahllos junge Männer, die behaupten, schnell und lange laufen zu können, in einen Mini-LKW. Über Funk werden sie zu dem Pulk von Läufern geleitet, in dem auch Henry läuft. Und den wundert inzwischen gar nichts mehr.

„Es war nach fünf Kilometern mit dem neuen Läufer. Der schnaufte, wurde langsamer, blieb stehen und gab auf. Nichts mehr, fertig. Was er sagte, verstand ich nicht. Da musste ich mir eben selbst einen Läufer schnappen. Ich fand auch einen, aber bevor ich ihm erklären konnte, worum es ging, brüllte von irgendwoher eine Stimme: ‚Mr. Wanyoike, wir kommen schon.'

Ein Japaner mit einem Sprechfunkgerät drückte mir einen neuen Läufer in die Hand. Er sagte: ‚Wir fahren im Wagen hinter Ihnen her. Im Wagen sitzen viele frische Läufer, also nur keine Angst!' Der Mann hatte offenbar Humor. Ich gab mächtig Gas, und etwa alle zwei Kilometer lief ein frischer Mann neben mir. Ich kam mir vor wie ein lebendes Staffelholz, das immer dann gewechselt wurde, wenn einem Läufer die Puste ausging. Das Prinzip funktionierte erstaunlich gut.

Da ich spürte, dass wir gut unterwegs waren, legte sich meine Wut etwas. Und die Geschichte sprach sich herum! Die Leute johlten und pfiffen vor Begeisterung, und irgendwann hielt sich ein Läufer längere Zeit auf unserer Höhe und fragte:

‚Darf ich Ihr Führungsläufer sein?' Ich musste die Bitte ablehnen, sonst hätte ich wieder Zeit verloren. Der Mann sagte nur ‚schade', verabschiedete sich und ließ sich ins Feld zurückfallen. Eine kurze Bekanntschaft."

Henry drückt noch mehr aufs Tempo, und der Beifall tost, als er als Sieger ins Ziel einläuft. Zehn Läufer hat er in einem Lauf verschlissen. Ein bisschen wütend ist er schon noch, aber am Ende ist doch alles tadellos gelaufen. Und auf der zweiten Hälfte der Strecke, so nimmt er an, dürfte er eine ganz passable Zeit gelaufen sein. Nun traut er seinen Ohren nicht, brüllt doch der Sprecher zuerst auf Japanisch, später auf Englisch aus Leibeskräften: „Wanyoike ist einfach wunderbar – er hat einen neuen Weltrekord aufgestellt!"

Ein Jahr später sollte Henry nicht ganz so viel Glück haben. Er läuft allein mit seinem Guide – großer Vorsprung, kein Gegner in Hörweite. Plötzlich fährt ein Polizist auf einem Motorrad heran und ruft: „Sie sind dahinten in die falsche Richtung gelaufen, drehen Sie um." Henry kehrt um, läuft etwa 45 Kilometer und gehört trotzdem noch zu den besten Läufern des Feldes.

Doch heute ist Henry ganz vorne. Ein neuer Weltrekord! Und ohne dass er schon davon weiß, bahnt sich ein neuer Abschnitt seines Lebens an. Auf dem Weg zurück nach Hause denkt er: „Ich bringe wieder einen großen Sieg mit. Bei mir warten jetzt eine Frau und zwei Kinder auf ihren neuen Vater. Ich werde mein Bestes geben, um diesen Kindern ein schönes Zuhause zu schaffen." Bei einem Glas Milch wandern seine Gedanken zurück in die eigene Kindheit in den Kikuyu-Slums. Da fährt es mitten in sein Herz: „Was ist eigentlich mit den vielen anderen, die ihre ganze Kindheit dort verbringen müssen?"

Am übernächsten Tag steht Henry mit selbst gemolkener Milch in den Kikuyu-Slums. Gemeinsam mit dem frischgebackenen Weltrekordhalter verteilen einige Freunde das nahr-

Richtfest: Henry drischt einen Nagel ins Dach der von ihm finanzierten Schule

hafte Getränk. Dann gründet Henry mit Freunden ganz in der Nähe der Notunterkünfte das Good Will Community Center, eine soziale Einrichtung für die Ärmsten der Armen. Waisenkinder sollen hier eine erste Ausbildung fürs Leben bekommen. „Es geht uns nicht nur darum, Mathematik zu lehren", erläutert Henry, „wir wollen diesen armen Kindern, die manchmal auch unter einer Behinderung leiden, sagen, wie sie im Leben zurechtkommen können, wo die Gefahren lauern. Wir wollen über Drogen informieren und darüber, wozu mangelnde Bildung führt, was schlechte medizinische Versorgung bewirkt. Und vor allem wollen wir sie über ein lebensbedrohendes Problem aufklären: Aids."

Als im April Myllow mit Petra und Peterson bei ihm einzieht, versucht Henry nicht nur in zwei Fällen die Vaterrolle auszufüllen. Im Good Will Community Center kümmert er sich um mehr als vierzig Kinder, die sonst wohl kaum das Glück gehabt hätten, den Kikuyu-Slums zu entkommen. Diverse Strickerinnen entgehen aufgrund von Henrys Initiative ihrem Schicksal. Myllow arbeitet als Friseurin, und beide mieten im Frühjahr 2002 eine Garage am Uhuru-Markt, die sie gemeinsam mit Freunden umbauen. In der einen Hälfte schneidet und toupiert Myllow die Haare ihrer Kunden, in der anderen sitzt Strick- und Laufmeister Wanyoike. Abwechselnd geben sich hier blinde und sehgeschwächte Frauen und Mädchen den Strickschlitten in die Hand. Henry hat insgesamt acht Frauen angestellt, eine Strickmaschine in seine Werkstatt geschleppt, und jetzt sorgt er dafür, dass seine Schülerinnen genug Geld verdienen, um sich Nahrung und Kleidung kaufen zu können. Wie die Leute in der Fernsehwerbung verbürgt sich Henry für seine Produkte: „Wir verwenden nur feinstes Material, meist aus England – und die Qualität ist ganz ausgezeichnet. So wahr ich Henry Wanyoike heiße."

Vater und Weltmeister an einem Tag

Vergnügt und kleiner als gedacht, kommt er daher, auch muskulöser. – Aber dass ein Mensch derart gewinnend lächeln kann ... "Hallo, ich bin Henry, und es ist schön, dass wir uns endlich kennen lernen." Henry setzt seinen Charme ein. "Und jetzt erzählt uns doch einmal etwas über Wien."

Henrys erster Besuch in der österreichischen Kapitale im Frühjahr 2003. Er kommt als amtierender Weltrekordhalter und Doppelweltmeister von Lille über 5000 und 10 000 Meter. "Qui – Henry!", hatten zuvor die Medien getitelt. Und ein paar Monate zuvor rief man in Boston: "Blind man, go!" Wanyoike gewinnt dort im Spätherbst 2002 den Stadtlauf. Jetzt startet der schnellste blinde Marathonmann der Welt beim 42-Kilometer-Lauf über die Donau, rund um die Burg, den Stadtpark, das Rathaus und all die vielen Kaffeehäuser. Henry kommt im Namen der Blinden aus den Armutsgebieten unserer Erde – und auf Einladung einer Organisation, die sich dort um die Vermeidung von Erblindungen bemüht.

Schon beim ersten Interview mit Ö 3, dem größten Radiosender der Alpenrepublik, verzaubert der Gast mit seiner sanften Stimme und einer seiner vielen abenteuerlichen Geschichten Millionen Hörer – und die Journalisten. Die Kollegen geben sich verblüfft. "Was, dieser Mann soll blind sein?"

Überall in der Stadt steht er Rede und Antwort. Er ist zur Verbesserung des Weltrekords gekommen, aber auch, um bei den Mzungus vom Leid der Blinden in seiner Heimat zu berichten. Die Menschen spüren, dass dieser Besucher etwas ganz Besonderes ist. Sie verschlingen seine Geschichten: die Nacht seiner Erblindung, den unglaublichen Sieg von Sydney, der Henry Wanyoike nicht nur in ganz Afrika zu einer Legende bereits zu Lebzeiten gemacht hat. Und dann die Geschichte, wie er in sein Land zurückkehrte, um all das zurückzugeben, was man ihm gegeben hatte.

Mit Begleiter Benjamin vor einem Fiaker in Wien

Für den Autor dieses Buchs, der in Wien die Organisation „Licht für die Welt" und die Christoffel-Blindenmission in Medienfragen berät und für sie in der Öffentlichkeit spricht, liegt darin der eigentliche Grund, warum die Stadt des Walzers in diesen Tagen im Mai im Wanyoike-Takt tanzt.

Henry im Dauertalk, mal galant, mal als Charmeur, der auf seine eigene eindrucksvolle Art den Menschen in wenigen leisen Worten klar machen kann, worum es eigentlich geht. Laut wird er nur, wenn er tönt, wie Sportler dies tun müssen – warum sonst wäre Cassius Clay sein Vorbild. Für den Sonntag verspricht er einen neuen Weltrekord. Davon spricht er in den Sportsendungen im Studio oder wenn die Fiaker ihn zu einer Fahrt durch Wien einladen, und selbst den Pferden flüstert er das ins Ohr – und einige scheinen zuzuhören.

Das Fernsehen folgt Henry beim Lauf mit zwei Motorrädern und Kameras. Natürlich machen sich die Fans bemerkbar. Wie in Sydney. Die Rufe geben Kraft, motivieren den Krieger, der auf Wettkampf in Europa weilt. Die Menschen wissen nicht genau, warum sie eigentlich schreien. Sie schreien automatisch, vielleicht, weil es einer ernst meint, weil er authentisch ist, weil das Leben hier einmal eine Erfolgsgeschichte geschrieben hat. Die Menschen sehen sich als Bestandteil des unaufhaltsamen Aufstiegs des Henry Wanyoike aus Kikuyu, Kenia.

Sie schreien aber auch, weil dieser kleine Mann ihr ganz persönlicher David ist, ein David ohne Steinschleuder, aber mit der Grazie der Antilope. Ein Blinder, der gegen das Schicksal aufbegehrt hat. Mit aller Kraft ist er aus dem tiefen Tal des Elends herausgelaufen. Hier ist einer, der auf dem Weg ins Licht ist.

Henry hält Wort. Vielleicht, weil ihm am Vorabend des Rennens nach einigen Gesprächen ein paar tausend Euro zugesichert worden sind. Henry will sie natürlich nicht für sich einsetzen. Er muss auch erst einmal überlegen, was die Summe von 4000 Euro in Kühen bedeutet.

Noch nie hat er soviel Geld besessen. Sicher, einen kleinen Anbau an das Haus braucht seine neue Familie, die bald größer sein wird, denn Myllow trägt ein Kind unter dem Herzen. Seine Waisenkinder benötigen dringend eine Schule. Und endlich eine neue Kuh. Sein letztes Hemd gäbe er dafür. „Ich kam von einem Wettkampf zurück, lief nach Hause und wollte die Kuh füttern. Aber der Stall war leer. Ich rief nach Muh. Keine Antwort. Betrübt kam Mutter aus dem Haus, nahm mich in den Arm. Da wusste ich, was los war. Meine Kuh war tot. Sofort beschloss ich, ebenfalls zu sterben, ich konnte den Schmerz nicht ertragen. Zwei Wochen lang verweigerte mein Körper jegliche Nahrungsaufnahme – und der in helle Aufregung verfallene Sportverband schickte Ärzte und Therapeuten. Aber ich aß weiterhin nichts. Bis mir Regina klipp und klar beschied: ‚Henry, Gott hat dich so weit kommen lassen. Er hat dir einen unbändigen Willen gegeben. Es gibt so viele Menschen, die auf dich bauen. Was ist mit all den Menschen, denen noch geholfen werden muss. Du musst der Welt erzählen, was bei uns los ist. Die vielen Blinden, die vielen Aids-Kranken, die wenigen Augenärzte, die vielen Slums. Dir hört man zu, wenn du siegst und mahnst.' Wenig später stand ich auf und bestellte bei Mutter erst einmal eine Milch, dann Porridge und hinterher ein gebratenes Hähnchen. Es wurde auch Zeit, denn die Wage zeigte nur wenig mehr als 50 Kilogramm an."

Im sonnigen Wiener Frühling läuft Henry die Marathonstrecke so schnell, wie noch nie zuvor. Nach 38 Kilometern ist er vier Minuten schneller als der aktuelle Weltrekord. Er strahlt und winkt sogar manchmal ins Publikum. Die Journalisten auf dem Motorrad freuen sich mit ihm – und wenig später trauern sie.

Es ist nur eine kleine Unachtsamkeit, die Polizei würde von einem Auffahrunfall sprechen. Jedenfalls laufen Guide Benjamin N'Ganga und Henry auf einen der vor ihnen rennenden Marathonläufer auf. Die Kenianer fallen. Henry schreit und windet sich im Schmerz. Die Zuschauer sind geschockt. Ein Polizist auf dem Motorrad schnappt sich den Verletzten, stülpt ihm einen Helm auf den Kopf, rast mit Henry auf dem Rücksitz seiner BMW und Blaulicht ins Ziel. Tosender Beifall und Henry-Rufe.

Ein Sanitäter verarztet den tapferen Krieger. Dann geht es ab in die Klinik. Diagnose: Knie verdreht, Prellungen, Zerrungen. Alles in allem Glück gehabt. Abends erzählt Henry den Journalisten dick bandagiert in seinem Krankenzimmer, wie es zu dem Unfall kam. Er lacht schon wieder und die Reporter mit ihm. Am nächsten Tag lesen wir ihm die Geschichten vom „tragischen Helden" vor.

Kaum kann er wieder laufen, geht es schon weiter nach Deutschland. In Chemnitz wartet Petra mit einigen Journalisten auf ihn. Henry humpelt zu einem Sportwettkampf, erzählt über das Leben der Blinden in seiner Heimat, von seinen Waisenkindern und den vielen Aids-Toten. Auch zwei Freunde haben sich bei einer Bluttransfusion angesteckt. Jeder hört ihm zu. Henry spricht im Radio – und als er sich in das Flugzeug setzt, verspricht er, wiederzukommen. Natürlich mit noch mehr Erfolgen im Gepäck.

Aber zuerst jagt ein Termin den nächsten. In Kanada hat Henry wieder einmal einen großen Auftritt. Er gewinnt zweimal WM-Gold: Sieg über fünf und über zehn Kilometer. Kaum ist er bei diesem Lauf am 15. August im Ziel angekommen und hat den ersten Drink genommen, da drückt ihm ein Mann aus seinem Verband ein Handy in die Hand, klopft dem Sieger auf die Schulter und fragt ihn: „Wie machst du das nur?" Irritiert meldet sich Henry ins Handy und vernimmt am anderen Ende die Stimme Myllows: „Henry, du bist gerade Vater eines gesunden Jungen namens Hugh geworden."

In den Arm nehmen kann er Hugh erst ein paar Wochen später. Einen echten Wonneproppen drückt er auf seine Brust, als er ihn zum ersten Mal hält. – Und schon muss er sich auch wieder verabschieden. „Ich war nur ein paar Stunden zu Haus, weil es nach Boston ging. Weinend vor Freunde bin ich gegangen – aber ich bin gegangen."

So ganz genau weiß Henry bis heute noch nicht, ob das richtig oder falsch war. Daran ändert auch die Tatsache nichts, dass Henry bei den Panafrikanischen Spielen Gold über 1500 Meter holt. In Singapur feiern sie Henry kurz vor Weihnachten beim Straßenrennen über 5000 Meter. Im Februar 2004 baumelt bei der Marathonsiegerehrung in Hongkong Gold auf seiner Brust, und alle Zeitungen bringen seitenweise Portraits über den „Mann, der aus der Dunkelheit kam", den „schnellsten Botschafter der Blinden".

Licht am Ende des Tunnels

„Hallo" – ein Anruf erreicht Henrys Handy in der Steppe. Aber der Champion bereitet in unserem Trainingscamp gerade Holz fürs Lagerfeuer zu. Darum gehe ich ans Telefon: „Henry, du musst zu uns in die Fernsehshow", lädt ihn ein Reporter mit asiatischem Akzent auf Englisch ein. Ich kläre auf, und sofort weiß der Kollege Bescheid: „Ach, ihr macht das Henry-Buch. Das soll er dann in die Show mitbringen. Bis dann." So geht das eigentlich immer. Die Zahl der Fans ist groß, und als das Lagerfeuer brennt, ruft der Vorsitzende eines Wanyoike-Fanclubs an: „Henry, ich hab gelesen, du bist jetzt Galionsfigur für ‚Licht für die Welt'. Sag deinen Freunden aus Europa, dass wir das großartig finden." Selbst in der Dunkelheit laufen Henrys Freunde unser Dschungelcamp an: „Wir haben unser Lauftraining in die Abendstunden verlegt", erklären die nächtlichen Besucher ihr Erscheinen.

Henry erzählt lang, viel und gern von seinen asiatischen Abenteuern. Vor allem, wie sehr die Leute ihn dort mögen: „Egal wo ich mit meiner Sonnenbrille auftauchte, keiner wollte glauben, dass ein Blinder vor ihnen steht. Als ich den Halbmarathon gewonnen hatte, sind sie schier ausgeflippt. Ich bekomme mittlerweile viel Post von dort." Über seine Website www.henry4gold.com schicken seine Fans unaufhörlich E-Mails aus Singapur – und an dieser Stelle gestehe ich Myllow, dass auch viele Heiratsangebote dabei sind.

Überall auf der Welt jubeln Fans Henry zu. Und was uns am meisten auffällt, ist, wie authentisch diese Liebe zu Henry ist, wie viele Menschen wir in Kenia kennen lernen, die ihren ganzen Tagesablauf in den Dienst des Erfolgs von Henry stellen. Beim Geldwechseln in Nairobi stellen ihn Leute auf der Straße: „Wanyoike, du hier? Gar nicht in der Welt unterwegs?" Oder am Bankschalter: „Einen Überfall darfst du hier nicht machen! Du bist zwar schneller als die Polizei erlaubt, aber jeder kennt dich hier."

Und auch wir – die Mzungus – erfahren große Aufmerksamkeit. Eine wirkliche und ehrliche Aufmerksamkeit. Pius, Henrys Trainer erklärt uns das so: „So viele Journalisten haben über Henry geschrieben, und es ist so viel Unsinn dabei herausgekommen – auch über uns. Wenn ich allein dieses dumme Geschwätz über die besseren Gene der Afrikaner höre, wird mir schon schlecht. Eine fast rassistische Volksverdummung bei euch in Europa. Die Wahrheit ist, dass wir sehr viel trainieren. Henry sowieso. Es gibt meines Erachtens keinen Sportler auf der ganzen Welt, der seinen Erfolg so sehr für andere nutzbar macht. Ihr seid gekommen, um euch ein Bild davon zu machen. Und dieser Besuch ist für uns wertvoll. Es kommen Mzungus zu uns, um zu sehen, wie wir kämpfen und wie wir zusammenhalten."

Auch bei Gefahr. Denn nicht weit entfernt heulen ein paar Hyänen. Nachtwächter Kim, Henrys Freund, der jetzt in Lon-

This is a very nice tent –
mit Machete in der Hand im Trainingscamp

don zu studieren begonnen hat, weckt uns. Der Champion greift im Zelt neben sich und hält seine riesige Machete in der Hand. Schnell ist das Feuer wieder entfacht. Wir bewaffnen uns mit brennenden Hölzern und bilden einen Kreis um unser Camp. Schließlich ist Baby Hugh auch mit im Busch. Aber der schläft und bekommt nicht viel mit.

Zwar kommt es zu keiner Attacke der wilden Tiere, aber ein Abenteuer ist es allemal. Und Henry und Pius haben sich sofort bereit erklärt, im Ernstfall aus dem Lager auszubrechen und die Aufmerksamkeit der Räuber auf sich zu ziehen. Henry hat ohnehin das Herz eines Löwen, und Pius macht keinen Spaß, wenn er sagt: „Ich kenne ein paar gute Freunde, die für Henry ihr Leben lassen würden, weil Henry ein Hoffnungsträger für alle Gehandicapten Afrikas ist."

Henrys Opferbereitschaft braucht allerdings nicht in Anspruch genommen zu werden. Das wäre auch schade, denn am kommenden Tag brechen wir zu einer nachträglichen Hochzeitsreise ins sonnige Mombasa auf. Im Hinblick auf Henrys Trainingsprogramm für den Marathon von Boston nur von Vorteil – und eine riesige Überraschung für die beiden Eheleute. Henry kann es gar nicht glauben, schnalzt aufgeregt mit der Zunge und berichtet Kim von der anstehenden Überraschung. Minuten später weiß es die gesamte Nachbarschaft. Wie ein Königspaar klettern Myllow und Henry auf die Ladefläche des Pickups von Kims Vater. Der Wagen bringt uns nach Nairobi, ich köpfe eine Flasche Sekt und wir singen. Henry strahlt und schweigt zu unserem großen Glück. Im Überlandbus fahren wir in der Nacht die 500 Kilometer nach Mombasa. Neben dem Brummen des Motors hören wir dann und wann das Gebrüll von Löwen – wir fahren quer durch die Wildnis.

In einem wunderschönen Strandhotel beziehen wir Quartier, die Honeymoon-Suite wartet auf die Wanyoikes. Der Manager, ein Sportfan, gibt uns jede Menge Rabatt. Henry nimmt meine Hand, als wir am Wasser stehen, und sagt: „Ich bin noch nie geschwommen. Ich war auch in meiner Heimat noch nie am Meer – aber ich bin auf das Wasser gespannt."

Welche Freude! Henry quiekt vor Vergnügen, und ich bringe ihm die elementaren Schwimmbewegungen bei. Anfangs planscht er nur im Rettungsreifen, dann wird er mutiger. Henry schluckt eine kräftige Portion Wasser, kommt prustend wieder an die Oberfläche. „Das ist ja salzig", brüllt er, als tauchte er aus einem Gurkenfass auf. Sein gekräuseltes Haupthaar ist mit Seetang bekränzt. Henrys Freund und Begleitläufer Benjamin lacht herzhaft. Myllow räkelt sich am Strand, schnappt einen Reifen und wirft sich tapfer ins Wasser. Henry strampelt im Nass wie ein kleines Baby in der eigenen kleinen Badewanne.

Und er wäre nicht er selbst, hätte er nicht nach Minuten des Sich-treiben-Lassens im Ring einen Entschluss gefasst: „Ich werde Triathlet!" Er meint es, wie er es sagt. Schließlich konnten wir ihm ja nach langem Suchen ein Tandem mit nach Kenia bringen. Das einzige im ganzen Land.

Als bedeutender Mitarbeiter unterstützt Henry Wanyoike die Arbeit des Vereins „Licht für die Welt" und trainiert für die paralympischen Spiele in Athen im September 2004. Dort, wo der olympische Gedanke seinen Ursprung hat, will Henry es allen zeigen: „Ich bin so gut in Form wie noch nie! Und es ist wohl so, dass ich meine Goldmedaillen offiziell zwar für Kenia hole, in meinem Herzen aber gelten sie auch meinen Freunden in Deutschland, Österreich und der Schweiz." Noch vor Sonnenaufgang laufen Henry und Benjamin über feinen weißen Sand am Strand. Als schließlich die Sonne strotzend vor Kraft am Horizont erscheint, als die Nacht sich vom Tag scheidet und zwei kleine Fischerboote ruhig auf dem spiegelglatten Meer liegen, da läuft Henry in Richtung Meer, direkt der aufgehenden Sonne am Ende des Wassers entgegen.

Er bleibt abrupt vor mir stehen, zieht mich hinunter. Wir sitzen in Reichweite der seichten Wellen, die wie schmale

Zungen am Sand lecken. „Weißt du", sagt der kleine Mann, der mit so großer Liebe für die Menschen durch die Welt läuft, „gestern Abend erzählte mir Myllow wie schön es hier ist. Wie die Vögel am Strand stolzieren, ein alter Fischer sein Netz aus dem Boot zieht, wie die Sonne sich in Windeseile zurückzieht, als habe sie irgendwo anders noch ein Rendezvous. In dem Moment hast du draußen vor dem Balkon nach mir gerufen: ‚Wo ist der master of disaster?' Und: ‚Gute Nacht, Gott schützt die Liebenden!' Ich darf durch die ganze Welt reisen und kann andere Menschen wachrütteln. Freunde wie ihr kommen mich besuchen. In dieser Nacht bin ich wach dagelegen und habe zum ersten Mal Gott gedankt, dass er in der schlimmsten aller Nächte meine Erblindung zugelassen hat. Ich musste durch ein tiefes Tal wandern, ehe ich meinen langen Lauf ins Licht beginnen konnte. Ohne meine Erblindung hätte ich eine andere Lebensgeschichte zu erzählen – und wir hätten einander wohl niemals kennen gelernt. – Erzähl den Menschen, dass sie nie aufgeben sollen. Am Ende eines jeden Tunnels wartet Licht. Ich möchte den Menschen helfen, den Lichtschalter zu finden. Und ich werde jede Chance nutzen, andere Menschen auf unsere Probleme aufmerksam zu machen."

PS. – Der tränenreiche Abschied. Zurück nach Europa, Henry fliegt zum Boston-Marathon. Kaum zu Hause angekommen, da läuft über den Sportticker eine Eilmeldung: „Boston: Blinder Marathonmann Henry Wanyoike läuft Fabel-Weltrekord."

Einige Stimmen

Petra Verweyen war die erste Mzungu, die Henry kennen gelernt hat. Die gebürtige Bonnerin, die heute in Chemnitz lebt, eröffnete 1994 das Low Vision Department in Kikuyu: „Ohne sie hätte ich das alles nicht geschafft", sagt Henry.

„Der Abschied von Afrika war vor allem ein Abschied von Henry. Er ist mein Bruder, mein Freund, mein Ratgeber, er steht für so viel in dieser Welt. Wie oft muss ich lachen, wenn ich an unsere erste Begegnung denke. Da sollte ein schwer depressiver blinder Mann kommen. Ausgemergelt, mutlos, einer der verhungern will. Dann kam Henry. Er sagte nicht viel, aber immerhin, er redete. Wie einer, der sterben will, sah er nicht aus. Vor allem als er schwadronierte: ‚Ich werde internationaler Läufer.' Ich erinnere mich genau, wie ich an den Rand meines Aufnahmeformulars schrieb: ‚Henry spinnt, Henry ist größenwahnsinnig.'

Es war für uns alle ein besonderes Erlebnis, die Rückkehr eines Menschen miterleben zu dürfen. Einmal sagte ich zu ihm: ‚Willkommen im Leben!' Henry bedankte sich. Auch meiner Mutter gefiel er gleich, als sie mich in Afrika besuchte. Gemeinsam verbrachten wir viel Zeit miteinander. Sie kaufte ihm den Siegerdress für Sydney. Ich kenne eigentlich niemanden, der von Henry nicht begeistert ist. Und wir sind es ganz besonders.

Das muss man sich einmal vorstellen: Zur Qualifikation zerschnitt er seine Sonntagshose, und bei den Olympischen Spielen lief er in einem geschenkten Dress. Wenn er zu Weltmeisterschaften fliegt, muss er sich das Ticket zusammenbetteln – manchmal sammelten wir im Kollegenkreis für Henry. – Und dann gewinnt er bei den Olympics Gold!

Andere Sieger werden von der Industrie mit Millionen überhäuft; Henry hat nur wenig Geld. Dafür aber Courage, große Nächstenliebe und den unbändigen Willen, zu helfen. Was macht der Mann, als er sich nach seinem heldenhaften Lauf von Sydney etwas wünschen darf? Er wünscht sich Strickmaschinen, damit er den blinden und sehgeschwächten Menschen in Kikuyu ein klein wenig weiterhelfen kann. Hätte er gesagt: ‚Bitte einen neuen Wagen', er hätte ihn sicher bekommen. Aber so kommt er mit diebischer Freude von seinem größten Triumph mit einer Trophäe zurück, mit der er einigen anderen Behinderten die Existenz sichern kann. Ich bin sehr stolz auf meinen mutigen tapferen Krieger, der in den Slums auf die Welt kam, erblindete und für sich und andere den langen Lauf ins Licht begonnen hat. Ich werden ihn so oft es geht besuchen. Und er tut das auch. Er war schon einmal da und hat viele Menschen in Chemnitz in seinen Bann gezogen."

Regina Kittau arbeitet als Therapeutin im Low Vision Department. Sie hat Henry am Schopf gepackt und aus dem tiefen Tal herausgezogen. Heute arbeiten sie gemeinsam, um die Not der Menschen zu verringern.

„Ich habe zwei leibliche Kinder – aber Henry ist mein dritter Sohn, so sehr ist er mir ans Herz gewachsen. Henry füllt eine der wichtigsten Rollen überhaupt aus. Er hilft den Menschen, wieder an sich selbst zu glauben. Er ist so authentisch, weil er das, wovon er spricht, selbst erlebt hat. Wie sehr hat sich zum Beispiel die sehgeschwächte Mutter aus den Slums gefreut, als Henry extra ihretwegen in die Klinik kam. Er spielte mit ihrem blind geborenen Baby und sagte der Mutter, dass sie auch diese Prüfung bestehen kann. Er werde ihr dabei helfen. Wenn Henry irgendwann ein paar Schilling übrig hat, wird er dem Baby Kleidung kaufen und wird es, wie jetzt so viele andere Kinder auch, mit Gratismilch versorgen. Seither hat die zuvor so verzweifelte Mutter die Gedanken an Selbstmord verworfen.

Das ist mein Henry! Er baut mit Freunden und Bekannten eine Schule in die Slums, kümmert sich darum, dass eine Lehrerin eingestellt wird. Und es hat mir sehr imponiert, dass er wieder zu Gott gefunden hat. Natürlich hat er gehadert, wer täte das nicht. Bei den Schicksalsschlägen, die Henry hat hinnehmen müssen. Wir haben ihm hier helfen können, den richtigen Weg aus der Dunkelheit zu finden. Zuerst haben wir dem großen afrikanischen Hoffnungsträger selbst ein wenig Hoffnung vermitteln müssen. Langsam begann er seinen langen Lauf ins Licht, als er Petra und mir einfach zuhörte, später mit uns arbeitete.

Gott hat ihm in Sydney gesagt, was er mit ihm vorhat – und Henry hat genau zugehört. Er kam zurück und gab zurück. So schließt sich der Kreis des Lebens. Henry wird immer einen Platz direkt in meinem Herzen haben."

Susan Bürgi aus der Schweiz leitet derzeit im Auftrag der Christoffel-Blindenmission das Low Vision Projekt, das seinen Beitrag zur weltweiten Initiative „Vision 2020" im Kikuyu Eye Hospital leistet. Vision 2020 ist das Dach, unter dem zwanzig Organisationen weltweit gegen die Blindheit ankämpfen.

„Henry und ich arbeiten Hand in Hand. Was durchaus wörtlich zu nehmen ist, denn häufig wandern wir beide so über das Klinikareal. Henry ist ein durch und durch faszinierender Mann. Als ich nach Kikuyu kam, hörte ich so viele unglaubliche Geschichten über diesen blinden Mann, dass ich mit großer Spannung auf unser erstes Treffen wartete. Und als der große Charmeur, der er ist, gewann er sofort mein Herz. Ich konnte gar nicht glauben, dass er blind ist. Henry lacht eigentlich immer, und er vermittelt allen Menschen, die er trifft, große Hoffnung. Schon oft erlebte ich, dass Blinde in tiefer Verzweiflung bei uns Rat und Hilfe suchten. Dann kam Henry. Allein mit seinem Erscheinen, mit seinen gütigen Worten und dem Erzählen seiner Geschichte zaubert er ein Lächeln in die Gesichter der Menschen. Bei aller Depression und Ausweglosigkeit, in der sie sich zu befinden meinen, vergessen sie für kurze Zeit ihre Sorgen und gehen in der Regel verändert in die Therapie. Ja, Henry verändert Schicksale. Und noch nie habe ich von einem Menschen mit einer derartigen Geschichte gehört. Weil Henry Schicksale zum Guten wenden kann, haben wir ihn fest in unseren Betrieb eingearbeitet. Er ist immer bereit, zu uns zu kommen, um Mut zu machen. Wie groß sein soziales Engagement ist, konnten Sie ja erfahren. Vielleicht übertrifft Henry, der Helfer zur Selbsthilfe, noch Henry den Sportler. Jedenfalls hilft er uns ungemein – und wenn es denn eine Symbolfigur für ein Verständnis von Entwicklungshilfe gibt, dann ist es Wanyoike. Von Petra und Regina erfuhr er Hilfe zur Selbsthilfe und zur Heilung seiner Seele. Wir konnten ihm den Weg zurück ins Leben ebnen und eine Ausbildung in Machakos ermöglichen. Auf einmal steht er ganz oben. Und was macht er? Selbstlos wünscht er sich Strickmaschinen, kommt zurück und hilft heilen. Was kann ein Mensch mehr tun? Das wissen auch die Menschen in der Region. Wir sind mit unserem Projekt jetzt zehn Jahre hier. Wenn ich Kenia verlasse, dann werde ich sehr traurig sein, weil ich einen großartigen Menschen als Partner verliere. Aber ich werde auch stolz sein und sagen: Ich habe einen Freund in Afrika, der ist so anders, als andere Freunde."

Gabriel Müller ist einer von Henrys Freunden in Europa. Er koordiniert die Medienarbeit von „Licht für die Welt". Henry und der Wiener Verein unterstützen sich in wechselseitiger Beziehung bei der Durchsetzung ihrer Ziele – Bekämpfung der Blindheit in den Armutsgebieten unserer Erde. Und Henry läuft als Galionsfigur zur Hochform auf.

„Henry Wanyoike ist Spitzensportler, aber noch viel mehr als das. Henry ist Entwicklungshelfer, Betreuer von Waisenkindern, Botschafter des Lichts und der Hoffnung. Wenn ein Mensch mit nicht einmal dreißig Lebensjahren so etwas vollbracht hat und täglich wieder vollbringt, so gebühren ihm Lohn und Anerkennung. Henry blickt auf sein Lebenswerk, das er erst nach seiner Erblindung begonnen hat. Doch Henry sieht viel lieber nach vorne, in die Zukunft, an die er nach seiner Erblindung nicht mehr glauben wollte. Es ist ergreifend und mitreißend und es bewegt mich immer tief, wenn ich höre, was er noch alles leisten will und wie er es immer wieder schafft, von einer Idee zu deren Umsetzung zu gelangen. Henry steht für Kenia, für Afrika, für die sehbehinderten und blinden Menschen. Henry steht aber auch für Völkerverständigung und das olympische Feuer. Er ist weit gereist und hat die Menschen rund um den Globus von einer Sache überzeugt: Aufgeben gibt es nicht. Henry hat einen ganz besonderen Freund, Bengt Pflughaupt. Ich durfte miterleben, wie bei ihm aus einem anfänglich rein beruflichen Interesse für einen besonderen Menschen Hochachtung, ja Bewunderung wurde. Henry Wanyoike und Bengt Pflughaupt, gemeinsam sind sie eine tönende Trompete, die der Welt verkündet, was sie schon lange nicht mehr glauben will: Jeder Schritt, jede Geste, mit Mut und Liebe begangen, bringt dich und andere weiter. Weiter ins Licht. Henry ist Christ, der Glaube ist für ihn selbstverständlich, denn er hat seinen eigenen Gottesbeweis, tief in seinem Herzen. Ich bin dankbar für die Freundschaft, die auch mich mit Henry Wanyoike verbindet. Und ich bin dankbar für dieses Buch von Bengt Pflughaupt. Ich werde mich dafür einsetzen, dass es für alle Blinden dieser Erde auch in Braille-Schrift erhältlich sein wird."

Anton Feistl gibt gern. Besonders gern seinem neuen Freund Henry Wanyoike. Anton Feistl ist der Geschäftsführer der großen Drucksachen-Vertriebsgesellschaft (Feibra) in Wien. Mit seiner Spende hat er die von Henry gebaute neue Schule bezahlt.

„Für mich ist so etwas auch eine Frage der Ehre. Wir können nicht einfach tatenlos auf unserem Allerwertesten sitzen und immer nur sagen: Lass doch die anderen die Welt retten. Oder: Spenden kommen doch nicht an. Ich habe von Henry Wanyoikes Geschichte gehört, einer Geschichte, die so fantastisch klingt, dass man sie kaum glauben mag. Ich konnte mich aber persönlich davon überzeugen, dass sie stimmt.

Da steht jetzt eine Schule in Afrika, daneben eine Kirche, und wenn der Torwart den Ball vom Fußballplatz zu weit wegschießt, landet er mitten in den Slums – und die Kinder freuen sich. Sie haben offenbar wenig, über das sie sich freuen können. Jetzt haben sie wenigstens eine Schule. Aber was heißt hier wenigstens! Sie haben einen Ort, an dem sie die ersten Schritte hinaus aus ihren furchtbaren Notunterkünften machen – und ich hoffe, dass ihr Weg sie am Ende ganz aus den Slums hinausführt.

Es ist eine große Freude, zu sehen, wie dieser Henry Wanyoike als Blinder den letzten Nagel ins Dach schlägt und die Kinder – einige sind ebenfalls blind oder haben andere körperliche Gebrechen – mit großen Augen vor dem Gebäude stehen. Es ist jetzt mehr Platz da, und vielleicht kann Henry noch ein paar Kinder mehr in dem neuen Gebäude unterbringen. Ich möchte meine Geschäftspartner und Freunde auf diesem Wege auffordern: Spendet über ‚Licht für die Welt' für Afrikas Menschen, die es nötig haben. Und ich freue mich schon auf eine gute Tasse Tee, wenn Henry das nächste Mal in Wien sein wird."

Maria Rauch-Kallat, Bundesgesundheitsministerin von Österreich, verfolgt mit großem Interesse die Geschichte des „Botschafters der Blinden" aus Kenia. Wir haben sie im Parlament besucht:

„Ich bin Politikerin geworden, weil meine Tochter Claudia im Alter von vier Jahren erblindet ist – das ist jetzt 30 Jahre her. Und darum sitze ich auch im Präsidium des Paralympischen Komitees." Claudia begrüßt uns gemeinsam mit ihrem Blindenhund Marvyn im Besprechungszimmer: „Es ist schön,

*Bundesgesundheitsministerin Maria Rauch-Kallat
und ihre blinde Tochter Claudia in Wien*

dass ich einen echten Helden kennen lerne." Ein echter Held – das gilt eigentlich auch für Claudia, denn sie unterrichtet als Lehrerin und ist eine ausgezeichnete Leistungssportlerin, spielt Torball, fährt Ski. Ihre Mutter teilt die große Begeisterung für Henry: „Es ist Henrys hohe Symbolkraft. Wie vielleicht kein Zweiter kann er den Menschen Mut machen und ihnen erzählen, warum es sinnvoll ist, nie aufzugeben. Er zeigt Millionen anderen Menschen, dass man es allein schaffen kann, wenn man es will – er ist das lebende Beispiel. Wenn er jetzt bei mir sitzt und charmant lächelt, dann scheint er rufen zu wollen: ‚Seht mich an, ich habe nicht aufgegeben, trotz aller widrigen Umstände.' Henry Wanyoike bewältigte sein Schicksal in Kenia, was ungleich schwerer ist als bei uns in Europa. Die Welt braucht Menschen wie Henry. Ich werde seinen Weg weiter verfolgen und im Rahmen meiner Möglichkeiten seine Idee und die von Licht für die Welt unterstützen."

Während die Bundesministerin ihre Meinung über Henry zu Protokoll gibt, sind Claudia und Henry schon viel weiter. Sie haben sich in Kenia verabredet, wollen gemeinsam Sport treiben. Seite an Seite verlassen sie das Konferenzzimmer – und strahlen um die Wette. Ein Hoffnungsträger hat eine neue Begleiterin gefunden.

Superstar *Paddy Kelly* gilt mit seiner „Kelly Family" als einer der erfolgreichsten Musiker in Europa. Paddy setzt sich für die Ziele von Henry und „Licht für die Welt" ein:

„Ich habe Henry für drei Tage begleitet. Ein faszinierender Mensch. Einer der nicht aufgibt und den Mut nicht verliert. Ich habe von Bengt Pflughaupt die Geschichte des Mannes erfahren und mich daraufhin spontan entschlossen, auch zu „erblinden". Ich wollte authentisch erfahren, was es heißt, blind zu sein. Eine Binde, eine abgeklebte Brille – für 36 Stunden verlor ich mein Augenlicht. Henry hat mich durch die Dunkelheit des Lebens geführt. Und er hat mir dabei erst die Augen geöffnet. Er brachte mir bei: ‚Akzeptiere, dass du jetzt blind bist, es gibt kein zurück mehr. Wer akzeptiert, der überlebt.' Henry ist ein souveräner Mann. Er hat sein Schicksal gemeistert und ist in die Welt hinaus gegangen, um den Menschen von der Hoffnung zu berichten – und darüber, dass es sinnvoll ist, immer weiter zu machen. Ich bin froh, diesen Hoffnungsträger vor allem für die Menschen in Afrika kennen gelernt zu haben – aber auch zu schätzen. Ich engagiere mich zukünftig für seine Idee und die von ‚Licht für die Welt'. Ich verkaufe darum auch T-Shirts mit einem von mir entworfenen Sujet zum Thema Augenlicht. 30 Euro kostet ein Hemd – soviel wie bei „Licht für die Welt" eine Augenoperation. Ich möchte Henry und seiner Idee helfen und habe während der 36-stündigen Blindheit gelernt, ein wenig aus Henrys Welt mit seinen Augen zu sehen. Berührt hat mich Henrys Aussage, als ich

Zwei Stars unter sich. Sänger Paddy Kelly und der schnellste blinde Marathonmann der Welt

nach eineinhalb Tagen wieder zum Sehenden wurde. Der Supermann hat mir ganz betrübt gesagt: ‚Großartig, was du getan hast. Jetzt habe ich allerdings einen Partner verloren'. Ich möchte in diesem Buch die Gelegenheit nutzen, Henry zu versprechen, dass ich immer versuchen werde, für ihn ein verlässlicher Partner zu sein."

Ausblick

Wenn im Roman *Jenseits von Afrika* die Löwen auf dem Grab des Abenteurers Dennis einen guten Platz mit majestätischem Blick über die Steppe genießen, dann könnten sie in der kenianischen Wirklichkeit häufig einen kleinen Mann auf seinem langen Lauf ins Licht beobachten. Er läuft fast so schnell wie sie – und das noch für viele Jahre. „Gott hat es so eingerichtet, dass ich auch noch Rekorde laufen werde, bis ich weit über vierzig bin. Ich muss der Welt noch so viel erzählen – und das kann man als Sieger besser denn als Verlierer."

In den Herzen von Millionen von Menschen hat Henry bereits gesiegt. In der Mitte der ersten Dekade des neuen Jahrtausends möchte der Läufer von „Licht für die Welt" auch für Kofi Annan eine Hilfe sein. Bei einem Projekt, in dem es darum geht, Menschen mit Behinderungen in Afrika über den Sport aus der Isolation zu ziehen, wäre Henry die ideale Galionsfigur.

Langsam fragen wir uns allerdings, ob er das auf Dauer mit einem Begleitläufer tun kann. „Ich habe eine Zeit von zwei Stunden und zwanzig Minuten drauf, vielleicht noch schneller", sagt der stolze Kikuyu. Und da wird es eng, noch Läufer zu finden, die ihn führen können.

Wie gesagt, bei Henry ist alles möglich. Und niemanden, der ihn kennt, würde es verwundern, wenn er auch die besten sehenden Marathonmänner hinter sich lassen würde. „Warum nicht", sagt Henry, „dann kämen vielleicht auch endlich einmal große Sponsoren und ich hätte mehr Geld für mein Milch- und Schulprojekt für die Slum-Kinder."

Für einen Henry Wanyoike gibt es immer etwas zu tun.

Wir sehen unseren ganz besonderen Freund aus Afrika zu unserem großen Glück schon sehr bald wieder. Und wir grüßen Henry von Ihnen, wenn er mit dem Öl aus der Kanne seine Strickmaschinen ölt.

Einige der besten Läufer der Welt auf einem Gruppenfoto mit Henrys Baby Hugh im kenianischen Busch

Der Herr ist der ewige Gott. Er ist der Schöpfer der Erde – auch die entferntesten Länder hat er gemacht. Er wird weder müde noch kraftlos. Seine Weisheit ist unendlich tief. Den Erschöpften gibt er neue Kraft, und die Schwachen macht er stark. Selbst junge Menschen ermüden und werden kraftlos, starke Männer stolpern und brechen zusammen. Aber alle, die ihre Hoffnung auf den Herrn setzen, bekommen neue Kraft. Sie sind wie Adler, denen mächtige Schwingen wachsen. Sie gehen und werden nicht müde, sie laufen und sind nicht erschöpft.

JESAJA 40, 28–31

Lebenslauf

10. Mai 1974
In Kikuyu (Kenia) geboren als Sohn von David (geb. 1948; Arbeiter) und Mutter Gladis (geb. 1952; früher Lehrerin, jetzt Farmerin).

1980
Der Vater stirbt.

1985
Henry läuft in Kikuyu sein erstes offizielles Rennen an der Schule – und gewinnt über 10 000 Meter.

1994
Henry verlässt die Schule mit Realschulabschluss und erlernt den Beruf des Schuhmachers.

1995
Henry erblindet über Nacht.

2000
Im August gewinnt Henry die nationale Qualifikation für Sydney.

2000
Im Oktober gewinnt Henry bei den Paralympics in Sydney seine erste Goldmedaille über 5000 Meter.

2002
Im Januar in Kairo bei den Afrika-Spielen gewinnt Henry zweimal Gold über 800 und 1500 Meter, Silber über 400 Meter.

2002

Im April in Kasimigaura (Japan) verbessert Henry den Weltrekord im Marathon.

2002

Im Juli in Lille gewinnt Henry zweimal Gold über 5000 und 10 000 Meter.

2002

Im Oktober in Boston gewinnt Henry das legendäre Straßenrennen über 5000 Meter.

2003

Im August bei den Weltmeisterschaften in Ottawa gewinnt Henry Gold über 5000 und 10 000 Meter.

2003

Im Oktober in Abuja (Nigeria) gewinnt Henry bei den Panafrikanischen Spielen Gold über 1500 Meter.

2003

Im Dezember in Singapur wird Henry im Straßenrennen Zweiter.

2004

Im Februar gewinnt Henry den Halbmarathon in Hongkong.

2004

Im April in Boston läuft Henry mit 2:33 einen neuen Fabel-Weltrekord im Marathon.

Henry Wanyoike hält auch den Weltrekord über 10 000 Meter in 32:34 und über 5000 Meter in 15:17.